保险和风险管理经典译丛

WHEN INSURERS
GO BUST
AN ECONOMIC ANALYSIS OF
THE ROLL AND DESIGN OF
PRUDENTIAL REGULATION

保险危机来临时：
对审慎监管作用和设计的经济分析

纪尧姆·普来丁(Guillaume Plantin)　著
让·夏尔·罗歇(Jean-Charles Rochet)

杜　墨　译

中国金融出版社

责任编辑：李　融　刘　悦
责任校对：李俊英
责任印制：程　颖

Copyright © 2007 by Princeton University Press.
　All rights reserved. No part of this book may be reproduced or transmitted in any form or by any means, electronic or mechanical, including photocopying, recording or by any information storage and retrieval system, without permission in writing form the Publisher.
北京版权合同登记图字 01-2016-6228
　《保险危机来临时》一书中文简体字版专有出版权由中国金融出版社所有，不得翻印。

图书在版编目（CIP）数据

保险危机来临时：对审慎监管作用和设计的经济分析（Baoxian Weiji Lailinshi: dui Shenshen Jianguan Zuoyong he Sheji de Jingji Fenxi）/纪尧姆·普来丁、让·夏尔·罗歇著，杜墨译. —北京：中国金融出版社，2017.3
（保险和风险管理经典译丛）
ISBN 978-7-5049-8926-0

Ⅰ. ①保… Ⅱ. ①纪…②让…③杜　Ⅲ. ①保险业—金融监管—研究　Ⅳ. ①F840.32

中国版本图书馆 CIP 数据核字（2017）第 049214 号

出版
　　　中国金融出版社
发行
社址　北京市丰台区益泽路 2 号
市场开发部　（010）63266347，63805472，63439533（传真）
网 上 书 店　http://www.chinafph.com
　　　　　　（010）63286832，63365686（传真）
读者服务部　（010）66070833，62568380
邮编　100071
经销　新华书店
印刷　天津银博印刷集团有限公司
尺寸　148 毫米×210 毫米
印张　3.75
字数　73 千
版次　2017 年 3 月第 1 版
印次　2017 年 3 月第 1 次印刷
定价　38.00 元
ISBN 978-7-5049-8926-0
如出现印装错误本社负责调换　联系电话（010）63263947

序

在我阅读本书的初稿时，欣闻奥利弗·哈特（Oliver Hart）和本特·霍尔姆斯特（Bengt Holmström）两位经济学家因对契约理论的贡献而荣膺2016年诺贝尔经济学奖。本书所阐释的保险审慎监管理念与两位经济学家的理论渊源颇深。本书的作者——两位从事保险监管研究和政策咨询的教授，从更广泛的契约理论出发，通过对保险公司经营特征以及保险契约的深入分析，揭示出保险契约缺失强硬的债权人以及契约不完全性的本质特征，并就此引出了保险审慎监管的逻辑出发点与理论基础。在本书引入中国之际，其基础理论获得诺贝尔奖认可，可以说是社会科学领域对本书审慎监管理论的一种肯定。

金融审慎监管的概念，起源于1997年巴塞尔银行监管委员会发布的《有效银行监管核心原则》，并确立了监管当局制定和实施资本充足率、风险管理和内部控制等审慎监管框架体系和要求。在保险领域，2003年国际保险监督官协会（IAIS）发布的《保险核心原则》中，首次系统地提出了保险审慎监管应该包含资本充足率、负债、投资和风险分析与管理等方面。概括言之，保险审慎监管主要强调实施"以风险为基础"的监管，判别保险公司运作是否健康、能否可持续发展，是有效防止发生保险危机的重要手段。

本书的另一特色是以案例为出发点，梳理了监管体制在实践中的成长逻辑与发展变化。本书所分析的四个案例有两个发生在英国，即公平人寿保险社和独立公司事件。2000年12月，公平人寿保险社，世界上最古老的相互人寿保险公司组织，由于养老年金的保证利率问题，开始停止承保新业务。这一事件在很大程度上打击了消费者的信心。独立保险公司的清算进一步损害了保险业的信誉。正是在这种情况下，英国金融服务局（FSA）于2001年11月启动了"特纳改革"，从欧盟偿付能力额度体系向"以风险为基础"的审慎监管转变是这次改革中的重点，这也在某种程度上推动了欧盟在同一年启动偿付能力Ⅱ项目，拉开了欧盟偿付能力体系升级换代的大幕。

经历这些保险业危机事件后，保险业界逐渐认识到，保险公司的经营，与其他金融机构一样，财务安全最重要的条件首先是保持充足的资本金，但只注重资本金是不够的。保险业所面临的风险是一种综合性风险，既与其他金融机构的风险管理有共性，又有许多独有的特性。保险公司和监管者不仅要重视资产方的风险，也要管理来自负债方的风险（如保险公司低估未来赔付额倾向的风险），更需应对资产和负债不匹配的风险。因此，研究开发一个统一的监管体系，将风险管理和资本充足综合考虑，即以风险为基础的监管体系，已成为国际保险监管的发展趋势。

2008年国际金融危机后,为强化全球保险业的审慎监管,IAIS启动战略调整,决定参照《巴塞尔资本协议》,针对国际活跃保险集团制定以风险为基础的全球保险资本标准,目标是建立一个在全球范围内具有可比性的、基于风险的资本充足性计量方法,从而维护金融稳定和保护保单持有人利益。与此同时,金融稳定理事会(FSB)牵头IAIS积极推进全球系统重要性保险机构(G-SII)认定工作。2013年,FSB公布了首批9家G-SII名单。针对G-SII,IAIS发布了一揽子监管措施,其中包括对G-SII计提附加资本要求,以减少G-SII破产的可能性以及由此引发的对金融体系的影响。

我国于2015年2月正式发布了以风险为导向的偿付能力体系(简称偿二代)。偿二代采用"三支柱模型",分别从定量资本要求、定性监管要求和市场约束机制三个方面对保险机构的风险和资本进行监督和管理。从实施以来的情况看,偿二代能更好地识别高风险公司,引导保险公司积极调整经营理念、市场策略和风险管理,完善风险管理体系,不断改善偿付能力。

然而,随着金融业创新步伐的不断加快,新的保险产品层出不穷,保险活动的形式日益复杂多样,保险风险的表现形式也更加多样化、隐蔽化和复杂化,这导致监管真空、监管掣肘等问题时有发生,不断对监管体系提出新的要求。2016年底召开的中央经济工作会议明确提出,要把防控金融风险放到更加重要的位置,提高和改进监管能力,确保不发生系统性金融风险。因此，根据市场变化，不断完善监管体制，守住不发生系统性风险的底线，是监管机构面临的持久任务。

那么，如何守住风险底线，有效防范保险危机的发生？本书从经济学理论以及保险业的实际案例出发，提出了建立健全的保险审慎监管体系这一解决方案。本书不仅从保险特性角度阐明保险审慎监管存在的必要性和区别于其他金融监管的独特性，而且提出了构建有效的审慎监管的最优设计和具体建议，具有很强的理论性和实践性，对进一步完善我国保险监管体制有良好的启示作用和积极的借鉴意义。希望本书的引入，为保险从业者，无论是公司的管理层还是监管岗位上的决策者，提供良好的理论支撑与实用的制度参考。

陈文辉

中国保险监督管理委员会副主席

2017 年 3 月

前　言

　　这本及时面世的著作从经济学角度对保险公司的监管进行了罕见而有说服力的分析。保险监管已经成为金融监管政策争论中的前沿话题，而事实上也应当如此，因为保险公司作为银行和其他杠杆机构的直接和间接债权人在金融体系中发挥着关键性作用，并且保险公司在为老龄化的人口提供储蓄平台方面发挥着长期作用。然而，当前发达经济体的保险监管框架只是一系列多年形成的各项规则的拼凑，松散地建构在精算考虑之上，并且不同司法管辖权下的法规存在着明显的差异，但却没有太多的根据。本书为这一重要领域内的讨论设定了标准。本书调查了几家保险公司经营失败的情况，回顾了保险监管的精算基础及其不足之处，从经济学角度提出了以资本为基础的保险监管作为降低道德风险途径的理由。为本书提供支持的学术背景是无可挑剔的，就像具备如此水准的两位作者被预期的那样，而且本书作者之一普来丁先生所拥有的作为保险监管者的第一手经验更为本书增添了权威性。本书将受到金融经济学家的广泛关注，并将成为各国中央银行和金融监管部门政策制定者的必备读物。假以时日，本书将获得德沃特里庞（Dewatripont）和泰勒尔（Tirole）关于银行审慎监管的经典著作同样的地位（可视为其天然的搭配和补充），并将得到广泛的阅读和引用。

申铉松（Hyun Song Shin）
普林斯顿大学经济学教授

致 谢

本书出自法国保险业联合会（French Federation of Insurance Companies，FFSA）所委托的研究项目。我们非常感谢菲力浦·特伦纳（Philippe Trainar）所给予的勉励。纪尧姆·普来丁（Guillaume Plantin）因与阿莱恩·陶赛特（Alain Tosetti）（已故）的启发性讨论而受益匪浅。

目　录

1　简介 …………………………………… 1

2　四个陷入财务困境的保险公司案例………… 5
 2.1　独立保险公司 ………………………… 5
 2.2　国家保险集团………………………… 13
 2.3　公平人寿保险社……………………… 19
 2.4　欧诺帕维保险公司（Europavie）……… 26
 2.5　为什么保险公司应受到审慎监管？
    第一个路径…………………………… 28

3　审慎监管的先进技术…………………… 30
 3.1　审慎体系的主要特征………………… 30
 3.2　监管和破产理论：控制失败的概率……… 35
 3.3　结论…………………………………… 43

4　生产周期的倒置和保险公司的资本结构 … 45
 4.1　保险行业的生产周期的倒置………… 45
 4.2　保险资本和保险合同免赔额之间的
    相似之处……………………………… 47

  4.3 保险合同中免赔额的作用 ………… 49
  4.4 减少信息问题的保险资本作用 ………… 51
  4.5 结论：生产周期倒置所产生的代理问题可以通过对保险公司施加资本要求得到减少 … 55
  4.6 附录：作为激励工具的资本要求 ………… 55

5 在保险公司的金融结构中缺失强硬的债权人和不完全合约 ………… 58
  5.1 缺失强硬的债权人 ………… 58
  5.2 审慎监管和不完全合约 ………… 61
  5.3 "代理人假设" ………… 63

6 如何构建保险公司的监管 ………… 66
  6.1 简单的审慎比率 ………… 66
  6.2 "双重触发因子" ………… 68
  6.3 一个独立但负责任的审慎当局 ………… 70
  6.4 通过保障基金将控制权赋予行业 ………… 71
  6.5 单一会计准则 ………… 73
  6.6 限制审慎监管的范围 ………… 74
  6.7 如果这还不够怎么办？ ………… 75

7 再保险的作用 ………… 77
  7.1 再保险市场的构成 ………… 78
  7.2 再保险和审慎监管 ………… 83

8 保险监管如何融入其他金融监管中？ …… 85
8.1 保险和综合金融集团 …… 85
8.2 银行监管和保险监管 …… 92
8.3 保险和系统性风险 …… 95

9 结论：作为公司治理替代的审慎监管 …… 98

参考文献 …… 100

1 简介

近年来,一些国家的保险业经历了因大型保险公司,有时甚至是知名保险公司的经营失败而导致的危机阶段。本书的分析将从四个案例的研究入手:英国的独立保险公司(Independent Insurance)和公平人寿保险社(Equitable Life),法国的国家保险集团(Groupe des Assurances Nationales)和欧诺帕维保险公司(Europavie)。这些丑闻不仅在新闻媒体和学术领域,而且在政治舞台上也引发了广泛而激烈的讨论,争论是否需要对大多数国家现有的复杂监管体系进行改革。本书的目的是为保险公司审慎监管改革提供务实的建议,并以严谨的经济分析作支撑。

在每一个拥有成熟发达的金融体系的国家里,保险公司实际上都是受到严格监管的。而且,保险法规赋予了公共当局对保险公司战略和财务决策等的非常重要的控制权。即使在实行自由放任经济政策的国家中，亦是如此。监管者通过三种渠道干预保险公司的战略和财务管理：

·费率管制；

·准入和合并管制；

·审慎监管（包括保护保险公司免受经营失败的保险方案）。

前两种干预方式是相当常见的政策工具，也用于许多其他行业的监管，如基础设施领域。不同的是，审慎监管是针对金融机构的特有工具。实际上，应用于银行的审慎规则与应用于保险公司的规则十分类似。然而，对银行实施审慎监管的理念通常不完全适用于保险公司。一般而言，银行受到监管是因为它们在发行流动性非常强的票据中发挥着关键作用，这些票据用做支付的手段，即存款，同时以不具有流动性的贷款来为项目提供融资。因此，银行就其本质而言是缺乏流动性的和脆弱的，并且面临"挤兑"的风险。另外，银行通过银行间市场相互融资，因此单独的挤兑事件可能引发银行体系的系统性恐慌，从而对经济增长造成实质性重大影响。相反，保险公司往往投资于更具流动性和可交易的资产，这些资产与其负债的匹配性远高于银行贷款与存款的匹配性。而且，再保险市场的组织结构使其也不像银行间市场那样具有传染性。因此，保险公司似乎脆弱性较低，风险传递的可能性也较低。据我们所知，整个保险行业的恐慌事件在近期金融历史上未曾发生。

那么，保险行业的特殊性是什么？自由的保险市场有哪些功能是难以实现的？一个审慎监管者怎样才可以比市场做得更好？这些将是本书要解决的主要问题。

本书的组织构架如下。第2章呈现20世纪90年代四家保险公司破产的案例。在本书的其余章节中，我们将阐述从这些案例中汲取的教训。第3章描述在几个最大的保险市场中审慎监管的实际组织情况，以及最常见的用于分析审慎监管的风险管理工具，并强调我们关于这些工具的局限性的观点。在第4章，我们将首次把现代公司金融理论应用于保险业。该章将证明由于保险生产周期的长期性和倒置性（这一概念将在第4章进行阐释），保险公司面临着严重的代理问题，这极大地放大了其面临的操作风险。本章还将说明为什么资本要求是规范保险公司以及防范这些风险的合适工具。第5章提出公司金融理论应用于审慎监管的另一种方式。该章将讨论在公司内部分配控制权的作用，以及将金融机构的这种控制权赋予监管当局可能是可取的原因。综合第2章描述的案例证据和第4、第5章提出的理论，第6章提出对保险业审慎监管的最优设计的观点，以及对保险监管实际构建的具体建议。第7章讨论再保险的特有属性——非寿险保险业务的一个关键特征。第8章讨论我们的监管观点对于两个热议问题的意义：保险集团监管和系统性风险管理。第9章是本书的结论。

阅读本书并不需要具备金融经济或保险领域的特别的专业知识。本书使用的模型十分简单，并且对这些模型背后原理的说明，通常采用非技术性的方式。

2 四个陷入财务困境的保险公司案例

在本章中,我们分析四件丑闻,每件都是由大型保险公司近乎失败造成的。其中,两家是人寿保险公司,第三家是财产和意外保险公司,以及第四家是金融集团。两家成立时间较短,成立于20世纪80年代,另外两家成立时间较长,经营状况良好;两家是法国公司,另外两家是英国的。尽管存在着以上明显的不同之处,这四个案例仍有许多共同的特征。我们将阐明这些特征,之后的审慎监管分析将建立在这些特征事实的基础之上。

2.1 独立保险公司

独立保险公司(以下简称独立公司)由麦克·布赖特(Michael Bright)于1987年成立。它是一家财产保险公司,主要通过英国经纪人承保财产和意外保险业务。从其成立至2000年，独立公司盈利持续增长，具有一个成功的保险企业成长故事的所有特征。正如在1999财务年度的董事会报告（第3页）中所陈述的：

"今年的业绩代表着第13个净已赚保费持续增长和承保严格控制的成功年度。"

麦克·布赖特（Michael Bright）在1999年被授予英国保险成就奖。独立公司在1998年获得当年的承保人奖，在1999年获得财产保险人奖。由于独立公司的业绩是在20世纪90年代疲软的市场环境中实现的，因此更加令人印象深刻，当时它的大部分竞争对手在开发可盈利的新业务方面都很艰难。并且，根据从业者的共识，与通过专有营销渠道承保的风险不同，从经纪人承保的风险是最难以控制的风险。因此，直到2000年，正如经济学家杂志所总结的：

"金融城分析师倾向于独立公司的股份，以及评级公司对该公司表示赞赏。"（出自于《独立保险公司的消亡》一文，2001年6月21日，www.economist.com。）

然而，经与英国金融服务局（British Financial Services Authority, FSA）讨论，独立公司决定停止承保新业务，此后不久，即2001年6月18日，便确定了临时清算人。其破产规模至今仍是未知。当时新闻报道的净财富负值估计处于其负债的20%和70%之间（估计大约为14亿英镑）。

怎么可能发生这种大起大落？当然，此后的安然和世通公司事件已远超于此。但是这两家公司经营的行业是能源经纪和通信,这两个行业由于科技和组织创新而面临非常不确定的前景。但是,英国的财产保险市场发展时间长久并且十分成熟。独立公司销售的是传统产品。它宣称的业务模式也不是革新的。相反,它依赖于严格承保的经典传统方式,正如在1998年董事长报告(第3页)中所提到的:

"承保的质量仍是公司主要驱动之一。我们拒绝参与对不盈利业务的竞争,并继续确保这一原则贯穿于我们整个组织结构。"

而且,因为独立公司是金融机构,因此它是受到严格监督的。不仅它的账户受到审计公司的审核,而且赔付估计也是由指定精算师评估的。此外,它当然是受英国金融服务局(FSA)监管的。

独立公司作为一个在稳定成熟且鲜有技术创新的行业经营的公司,为什么以这种出乎意料的方式倒闭?其中一个原因是在多数保险教科书中所描述的所谓"生产周期的倒置"。与非金融企业不同,保险公司销售其产品,并且获得保费收入,是发生在其制造出产品,也就是在支付赔款前,很长一段时间。我们将在本书的其余章节详细阐述保险业这一重要特征。目前,这已足以说明其造成的主要后果。如果独立公司经营的业务具有正常的生产周期,它可能在20世纪90年代中期或甚至更早,就已开始遭受经营损失。这些损失本可以再融资。但是,在向公司投入任何新资金之前,融资人(股东、债券持有人和/或银行）需要确保公司可以适当地重组且经营可以重新盈利。但实际情况是，因为倒置的生产周期，独立公司连续几年承保不盈利的业务。这在当时并未造成任何流动性问题，因为损失直到后来才实质化。因此，偿付能力不足也发生在后来，只是规模更大。

然而，生产周期的倒置不足以解释此次突发倒闭。而且，独立公司的经营受到几家机构的监督，这些机构使用的详细信息是经训练有素的专业人员审核过的。很难相信，这些机构对独立公司崩溃前几年的财务困境一无所知。实际上，作出这种猜测并不困难。在下面的分析中，我们仅使用从工商管理部门公开获得的关于独立公司 1995 年至 1999 年的报告和账目。定量信息大致限于损益表和资产负债表。我们首先看看此段时期公司总保费收入的变化情况（见表 2.1）。

表 2.1　　　　　　　总保费收入的变化情况

财政年度	1995/1994	1996/1995	1997/1996	1998/1997	1999/1998
增长率	39%	1%	28%	-22%	10%

首先请注意这样大的波动对于一家大型公司是罕见的，这家公司在 1994 年底已拥有 3 亿英镑的庞大资产。一个十分有趣的现象是 1998 年期间保费收入锐减。这也在 1998 年的董事长报告（第 3 页）中得以证实：

今年我们需要做出巨大的努力，以扭转近期低下的管理水平和保费收取水平，从而恢复到我们所期望的水平。部分由于此原因,显而易见,有必要重新在伦敦所有的承保和理赔部门强调技术要求。这造成前 9 个月保费收入下降、人事变动,以及我们的业务代理人数量发生变化。

因此,独立公司于 1998 年承认过去承保的部分业务成本高于预期。那么,这应导致应对未来赔款的准备金①大幅增加。用保险术语说,未决赔款流②应是负值。然而在实际中它并不明显(见表 2.2)。

表 2.2　　　　　　　未决赔款流　　　　单位:百万英镑

年份	1994	1995	1996	1997	1998	1999
数量	-0.3	2.3	-3.4	1.4	-2.1	-2.7

从表 2.2 可见,1998 年的 -210 万英镑是 1997 年 12 月 31 日前公司的赔款余值估计与一年后即 1998 年 12 月 31 日对同样这些赔款的重新估值之间的差额。因此,对于 1997 年之前的已发生赔款的成本估计,公司在 1998 年比 1997 年更加悲观,因为它增加了 210 万英镑。此金额在 10 亿英镑的资产负债表中并不大。显然,独立公司并未在 1998 年大幅调整其准备金政策。公司只是承认对有些风险进行了错误定价,并且在收缩业务规模的同时并未重新对应付赔款进行估值。

同样有意思的是,保费收入在 1999 年又有了大幅增长

---

① 准备金在欧洲保险业术语中指理赔储备金,但尚未结算。
② 未决赔款流指对应付赔款重新估值而导致的盈利或损失。如果公司在过去过于乐观,则需增加准备金,未决赔款流则为负值。

(10%)。在工商管理部门的1999年记录中，董事长报告没有对此进行评论。

现在让我们看看公司在此段时期的损益账户。所有数额都表示为占当年已赚保费收入的比重（见表2.3）。

表2.3　　　　　独立公司的损益账户变化情况　　　单位：%

年份	1994	1995	1996	1997	1998	1999
已付赔款	29	31	42	47	59	64
准备金变动	24	27	13	15	-3	-9
净分出赔款	-22	-16	-14	-1	-2	-2
经营费用	23	23	27	31	39	36
总额	54	66	69	92	92	88

已付赔款大致指公司用于理赔而支付的现金。它占保费收入的比重在此期间翻了一倍。同时，准备金急剧下降至负数。这通常发生在不承保大量的新业务而只管理老产品组合未决赔款流的公司。随着时间的流逝，准备金被清算来进行理赔。这显然不是独立公司面临的情况，它的业务1998年才开始减少。

总体而言，赔付的增加与准备金的减少相互抵消，因此赔付总成本（当前的加上未来的）与保费之比看起来基本稳定。这有两种可能的解释。乐观的解释是独立公司在此期间理赔更加迅速了。生产周期变得越来越短，保费收入在资产负债表中转变为已决赔款所用的时间越来越少。悲观的解释是"严重的"风险开始聚积，因此需要支付更多的赔款。为了保持看起来良好的资产负债表,公司在为这些额外的赔款进行融资时,对这些赔款做了十分激进的估计,当然,这些赔款有待支付。换而言之,或是同样数额的赔款以更快的速度进行了支付,或是更多的赔款需要进行支付,准备金的变动是为了掩盖这一情况。在没有更多信息的情况下,正确的解释是不可能找到的。但变化是如此富有戏剧性,例如在1996年发生的变化,以致于资深分析师在1997年所开展的现场调查本应对此进行回答。

净分出赔款是再保险公司支付的赔款减去再保险保费。开始时,独立公司对于其再保险公司是盈利客户,但从1997年开始它就不再是特别令人关注的客户。因为6年对于再保险交易来说是十分小的样本,所以这需要谨慎地解释。事实上,再保险涉及索赔中风险最高因而最具波动性的部分。但看起来,再保险公司的报酬趋于负值。这是一个不好的信号。实际上,健康的保险公司能够保证再保险条约,对再保险公司而言是笔足够好的交易。这会确保再保险公司是可靠的长期伙伴,无论何时发生罕见的巨灾事件,再保险公司都能迅速地提供流动性。

总之,经营费用(大致是行政管理成本)和已付赔款急剧增加,以致准备金的减少和更有盈利能力的再保险账户也未能阻止支出总额从1994年保费收入的54%升至1999年的88%。

最后,让我们来看看独立公司的资产负债表。独立公司用来支付未来保险赔款的主要资产(保险术语指"技术准备金")详见表 2.4。"投资"指房地产和金融资产。"赔款中的再保险公司份额"指未来由再保险公司承担的损失金额估计。该估计出自总应付赔款估计中所使用的再保险合约。"保险业务中的债务人"一般指欠保险公司保费的保单持有人或经纪人。"递延保单获取成本"指保险公司可以将新保单的初始获取成本在保单期限内分摊。所有这些资产都表示为占当年末技术准备金总额(总应付赔款估计)比重。

表 2.4　　　　独立公司资产负债表变化情况　　单位：%

年份	1994	1995	1996	1997	1998	1999
投资	84	89	92	65	56	42
赔款中的再保险公司份额	8	9	8	11	12	14
保险业务中的债务人	32	28	30	40	52	61
递延保单获取成本	8	7	6	11	12	17

如果需要现金进行理赔，只有投资和再保险公司赔款相对比较容易变现，只是后者变现的能力稍差些。如果公司被清算，通常只能收回一部分经纪人所保留的保费，并且成本很高。当公司停止营业时，递延保单获取成本当然是毫无价值的。

这些数字应该使监管者感到担心。"好"资产，特别是投资在此期间占保险赔款的比重急剧下降。保费收入也越来越难以获得。可能是因为独立公司变得组织混乱和效率低下，或者是因为公司开始与一些越来越不熟悉的经纪人打交道（以及因此它对从这些经纪人接受的风险缺乏了解），甚至是因为一些经纪人开始怀疑独立公司的信誉。无论如何，独立公司的偿付能力，通过其在清算时支付保险赔款的能力来衡量，在此期间明显地变得恶化了。

对这些简单比率的分析与下面的情况相一致。公司发现其陷入低估风险中，决定"为复兴下赌注"。换而言之，它开始用激进的方式来估计其未来赔款以节省时间，并竭力发展新业务，以将未来损失稀释到大量的营业额中。然而，这导致了成本更高的破产，比公司如果在 1996 年至 1997 年进行有序重组的成本更高。

上述分析所使用的信息与审计师、精算师和监管者所获得的信息相比十分粗糙，因此这些人对于公司在此时期内的经营困境可能拥有更强烈的信号。然而，在公司破产前，他们似乎没有采取什么措施。独立公司的监测者、股东和高级管理人应分别承担多少责任已超过本书的讨论范围。但此案例说明了审慎监管的机制设计至关重要，可能比审慎比率的技术定义还要重要。在独立公司的案例中，关于为什么监管体系变得几乎毫无作用的一个原因可能是，在拥有相关信息和控制权力的各方中，没有哪一方具有当需要时立即采取纠正行动的适当激励机制。

2.2 国家保险集团

直到 20 世纪 90 年代，法国金融服务行业中的多数大型公司都是国有或后期私有化的公司。这些公司由一个小而紧密的高级公务员群体（所谓的"金融监督官"）经营，他们没有丰富的金融专业知识或经营盈利机构的丰富经验，并且他们不受制于来自股东的强大压力。此体制下最著名的失败事件是里昂信贷银行①。这件银行业失败事件有个保险业类似事件，只是规模稍小：国家保险集团（Groupe des Assurances Nationales, GAN）。

看起来似乎令人吃惊，GAN 是一家信誉卓著的公司，在受良好监管的市场上占有大量市场份额，最后却巨额亏损。我们从根本上将此视为是公司游戏中的所有玩家——股东、管理人和监管者，由于存在内部的利益冲突而造成非正当动机的结果。

首先，控股股东法国国家在国有保险领域不参与具体经营。在现实中，它由经济、财政和工业部部长代表，由财政部的公务人员支持。部长从未向公司提供清晰的战略路线图或者中长期的盈利目标，因为这些超过了他的政治职责。政治家们主要是将国有保险公司当做大量的现金储备，以用于救助或重组陷入经营困境的或资本不足的公共领域的公司。他们从未深入参与制定或实施公司核心保险业务的发展战略。负责监控政府参与情况的行政机关，即财政部，实际上也没有比政治家们有更多的动力来使股东价值长期最大化。在此行政机关谋取一

---

① 里昂信贷银行在 20 世纪 90 年代早期曾经得到法国政府的救助，成本超过 250 亿美元。

个职位曾是通往银行或保险公司高级管理工作之路所推荐的第一步。因此，很多负责监控国有金融机构的公务员所打交道的管理层，是由他们非常成功的和有影响力的前辈们组成，这些前辈经常私下与政府官员联系。在这种情况下，严格的监控基本是不可能的。

其次，高级管理层因此不受制于任何来自股东的压力，而且任期都很短，几乎每次新的经济、财政和工业部部长上任，都会更换一批。这种情况在此段时期内大概每隔一年发生一次。在 GAN 公司，有三位主席①在本书所研究的 8 年期间内同时在任。股东被动、短期任职以及缺少基于业绩的聘用决定混合在一起，扭曲了高级管理层的内在动力，使其快速建立起无盈利的帝国，而不是致力于关注风险管理问题。

最后，作为公共权力当局，监管者对于国有公司有着自然的宽容倾向，当然，因为监管者认为国有公司太大和太具有政治敏感性而不能倒，以及因为审慎监管当局曾由原为公务员现同样为精英的管理人主管。例如，法国财政部部长，本应是国有保险公司的董事，但也同样在法国保险监管局的董事会中拥有席位。因此，同一个人既是代表股东的董事，又是代表保单持有人的监管者。这样的组织结构当然与现代关于有效的公司治理结构的观点相左。本书其余章节将会阐述这些现代公司治理观点。

---

① 他们同时是首席执行官，这在法国比较常见。

不出所料，多数国有保险公司在这种环境中都经营不善，GAN 是其中经历最差财务困境的公司。

GAN 最初是保险集团，但最后发展成为金融综合性集团，在 1989 年收购了国有银行集团 CIC 后，拥有银行和保险子公司。合并银行的主要动因是政府不愿用纳税人的钱为国有银行增资以使银行满足新实施的库克比率。为了增加银行资本金，而且不用向国有金融领域注入新的资金，行政管理部门建立了像 GAN 这样的综合性集团，从而广泛利用双重杠杆。GAN 有四大部门：在法国的寿险和非寿险、国际保险和银行。其中三个部门在 20 世纪 90 年代同时遭受了巨额损失，只有寿险例外。下面将简要描述在这三个陷入经营困境的部门中发生了什么。

银行

CIC 有两家子公司（UIC 和 SOFAL），这两家公司专门经营房地产（更准确地说，是向房地产开发商提供贷款）。在 20 世纪 80 年代末期和 20 世纪 90 年代早期，法国出现了房地产泡沫。UIC – SOFAL 处在这次投机狂潮的前列，其应收贷款从 1989 年的 270 亿法郎增长到 1993 年的 500 亿法郎。非常有趣的是，审计院，作为对公共部门财务事务具有司法管辖权的机构，曾经报告国有机构比私营金融部门面临更大的泡沫风险（审计院，2000）。当泡沫破裂时，国有机构的不良贷款与股本之比从 20% 上升到 119%（指 UIC），而私营部门的比率则低于 10%。

随后审计师发现，UIC – SOFAL 之所以面临特别大的风险敞口，源于其银行集团内部组织混乱以及缺乏严格的风险管理。审计院估计其在 1996 年末亏损达 300 亿法郎。虽然这些亏损在 1993 年就已发生，但 UIC 和 GAN 建立了一个废除方案将亏损掩盖了起来。简而言之，这一方案是一个允许公司只当亏损实际发生时才将其计入资产方的法律架构。因此，在 1995 年末，GAN 由于房地产业务亏损，表面上"只"亏损了其股本的 40%（130 亿法郎）。注意这种竭力掩盖亏损的行为使人想起独立公司的做法。掩盖亏损对于 GAN 而言更容易，因为综合性公司本质上比专业性公司更不透明。

国际业务

关于国有保险公司的"开疆拓土"倾向的有力证明是，它们都非常迅速地发展国际业务，在全球范围内收购子公司，并在随后的几年在国外损失了大量的金钱，直到它们决定降低其国际风险敞口。GAN 也不例外。GAN 国际营业额在 1990 年增长了 84%，从 44 亿法郎增长到 87 亿法郎。国际业务在 1990 年和 1991 年累积损失达 7.5 亿法郎，只在 1993 年才又稍有盈利。

国内非寿险

最后，GAN 开发了一个十分激进的新机动车保险费率，名为"蓝色费率"。传统保险公司，如 GAN，正在因相互公司而丢失市场份额，如 MACIF 或 MAAF，后者的保单获取成本和管理成本更低。新费率的目的是比相互公司的报价更具竞争力，但结果是费率不足。1989 年至 1995 年国内非寿险业务的损益账户见表 2.5。

考虑到业务规模，1991年至1993年的年增长率分别为17%、8%和15%，是非常高的，远高于市场增长。亏损的增加甚至更大，反映出新业务的错误定价，并且滞后，以及反映出不充足的准备金。

GAN最终于1998年被私有化，在其不良资产得到处理以及亏损由纳税人承担之后，由相互保险公司安盟保险公司（GROUPAMA）收购。

此案例除了说明公司治理不健全和不正当动机所造成的后果，还说明了另外一点：对于综合性集团因为"不将所有鸡蛋放入一个篮子中"所以是安全的这一流行观点，应该给予慎重对待。GAN案例表明，综合性金融集团的各个业务线之间的关联性在某种程度上是内生的。GAN四大业务部门中的三个所遭受的困难都是源自同样的原因：充当帝国建造者的管理层实质上未受到债权持有人的制约。

表2.5　　　GAN的法国非寿险业务损益表

单位：10亿法郎，%

年份	1989	1990	1991	1992	1993	1994	1995
保费收入	8.9	9.1	10.6	11.5	13.2	13.4	14.0
增长率		2	17	8	15	1	5
已付赔款	6.5	6.7	7.4	9.3	11.4	13.0	11.3
增长率		3	11	25	23	14	−14
准备金变化	0.4	0.9	1.3	2.1	0.6	0.3	0.8
增长率		125	53	59	−72	−48	175
经营费用	2.8	2.9	3.3	3.5	3.9	2.8	3.2
损益	0.7	0.8	0.5	−1.1	−1.1	−1.2	10.4

2.3 公平人寿保险社[①]

在概述此案例前,让我们先回顾以下基本的定义。固定利率终身年金是一种保险合同,在合同中保险公司承诺从既定日期开始将既定资金转变为一系列固定支付,直至受益人死亡。年金率是合同的价格。例如,针对60岁男性的6000英镑的年金率意味着,如果当一位男性受益人在60岁时向保险公司缴纳了10万英镑,他将从保险公司每年获得6000英镑,直至去世。因此,年金率越高,从保单持有人的角度看合同越便宜。此类年金合同涉及两种风险转移。第一,保单持有人将死亡风险和投资风险转移给了保险公司:如果受益人死亡早于(或晚于)预期,以及如果初始资金所投资的资产收益率高于(或低于)预期,那么保险公司将盈利(或亏损)。第二,受益人承担交易对手风险。保险公司可能在受益人死亡前破产以及暂停或减少年金支付。

公平人寿保险社(Equitable Life Assurance Society,ELAS)是一家英国相互保险公司,它在1957年至1988年间销售具有保证年金率(GAR)的养老年金。此类合同由两个阶段构成:储蓄阶段和支付阶段。在储蓄阶段,例如在25岁至65岁之间,保单持有人将其部分薪酬投入合同中,ELAS积累资本。

[①] 本节得益于与大卫·布雷克的有用讨论,同时我们为说明此案例充分利用了其报告(可从 www.pensions-institute.org/reports/index.html 下载)。然而,本节所表达的观点不一定来自于他。

当保单持有人 65 岁退休时，ELAS 将所积累的资本转变为年金：这是支付阶段。因此，通过提供 GAR，公司在储蓄阶段就承诺了支付阶段的既定年金率，但在储蓄阶段时保单持有人所能积累的资本还是未知数。公司通常在支付阶段开始前 25 年以上（在上述例子中是 65 – 25 = 40 年）就承诺了该阶段的年金率。因此，这是对死亡率和金融市场长期变化的危险赌注。用更多的金融术语讲，这相当于赋予保单持有人关于潜在风险的长期卖出期权，此潜在风险即死亡率和利率。当支付阶段开始时，保单持有人可以选择行使其 GAR 最初的权利。但他们也能以当前的市场率买入，以防生命表和贴现率生成的年金率在支付阶段开始时要比在合同开始时高。因此，这种期权对于保单持有人而言，只有潜在的好处而无坏处，站在他们的角度看，该期权是有价值的。最初，该期权曾是价外期权。换而言之，ELAS 决定锁定生命表和贴现率，以使其生成的年金率远低于当时的当前市场率。因此该期权最初没有内在价值。然而，这不意味着它们是毫无价值的。用金融行话说，它们具有"时间价值"，因为在期权到期前，即在保单持有人退休前，利率和死亡率可能会降低。1994 年确实发生了这种情况。然而，从 1957 年至 1994 年，ELAS 既没有给该期权定价——若保单持有人愿意接受则免费给予，也没有做对冲。

应该指出的是，在 20 世纪 60 年代和 70 年代，许多其他英国寿险公司也提供此类保险年金率。它们之所以这样做的可能原因如下：

- 金融工程和风险管理同时在学术领域迅速发展，一时难以应用到保险行业中；
- 大多数保险公司可能没有想到，在接下来的30年间，利率和死亡率会发生重大变化；
- 有些人也许认为，无论可能发生什么都将超过它们的工作职责。

无论如何，它们将GAR视为没有重大金融和技术内涵的纯营销工具。

我们并非声称，在20世纪70年代提供保险年金率是不当决定。但在特定的宏观经济背景下作出一项决定，30年后再来判断该决定是否正确是非常自以为是的。我们只是说明，当该风险在20世纪80年代末发生时，ELAS处理该风险的方式不能令人满意，而不是说它当初承担此风险是不当的。在20世纪80年代和90年代间，ELAS确实是对此问题处理得最差的公司之一。

1982年，法律的变化使领养老金者有机会在购买年金时货比三家。当合同进入支付阶段，他们有权从一家公司转换到另一家公司。ELAS本该利用此合同事件停止提供GAR，但它并未抓住此机会。这也许表明，ELAS高级管理层在当时仍然没有完全意识到此风险。ELAS只在1988年停止提供GAR。但有趣的是，它当时没有采取任何重大的举措来处理应付GAR。这令人想起1998年独立公司的行为，它从资产中消除了"坏"风险，但同时并没有针对应付赔款增加相应的准备金。另一个相似之处是，ELAS 显然努力将 GAR 问题稀释到快速增长的非 GAR 业务中。表 2.6 表示 ELAS 在 1990 年至 2000 年间的保费收入和总资产。

表 2.6　　　　　　　　公平人寿的保费收入和总资产

年份	保费收入（百万英镑）	总资产（百万英镑）
1990	1346	5786
1991	1715	7368
1992	1877	9497
1993	2101	13407
1994	2052	13545
1995	2362	16612
1996	2830	19305
1997	3452	23676
1998	3730	28068
1999	3484	32902
2000	2941	34754

资料来源：布雷克（2001）。

由于这种稀释，到 2001 年，ELAS 对非 GAR 保单持有人的欠款达到该笔资金价值的 75%。虽然经过较长的时间间隔，但由于人寿保险的生产周期延伸较长，ELAS 所做的与独立公司十分一致。它扩展新业务，但同时不及时处理 GAR 问题来减少亏损。在 20 世纪 80 年代末或 90 年代初，有很多方式可以处理这一问题，ELAS 的一些竞争对手就采取了其中的措施。

最自然的一种方式是类似于银行业的废除方案,即将具有GAR的合同隔离到一个独立的资金账户中,并且通过再保险合同限定该账户流的最大损失。对该账户流的管理可以外包,以及再保险合同转分入的机构具有管理和对冲此类风险的特殊专业经验。在这种情况下,虽然预先投入了相当大的成本,但一劳永逸。ELAS高级管理层之所以不愿采用这种方式减少亏损的原因之一,也许是因为ELAS是相互保险公司。根据定义,相互保险公司不存在成熟的长期投资人。假若有成熟的长期投资人,则ELAS有内在动力保护其股权,并且在GAR问题变得严重之前就会处理。有趣的是,ELAS的一些竞争对手,在20世纪80年代和90年代从相互公司转为股份公司并被其他金融机构收购,实施了此类解决方案。

相反,在1993年末,GAR期权变成价内期权以及其负债明显低估,同时ELAS甚至没有考虑卖出期权的时间价值。此后在1994年,ELAS才着手处理此问题,但当时解决此问题已变得十分困难。作为相互公司,按照定义,为裸卖出期权所发生的亏损融资时,ELAS没有投资人(除了客户)可以利用。因此它通过差别最终红利政策来融资。非GAR的保单持有人比GARs保单持有人赋予更多的最终红利。在一定程度上,正如布雷克所指出的(2001,第5页),此措施明确了这样一个事实,即非GAR保单持有人是(无意的)卖给GAR保单持有人期权的人。如果红利之差等于GAR保单持有人所购买的期权价值,那么红利差"公平地"补偿了非GAR保单持有人。

ELAS 认为这一措施符合法律规定。当然，大量的 GAR 保单持有人不满意此做法，并指出这使 GARs 变得毫无价值。ELAS 在伦敦高等法院提起诉讼来解决该问题。此案最终在英国国会上议院得到处理。

在 2000 年 7 月，英国国会上议院裁定所有的保单持有人应该受到同等待遇，GAR 保单不能与非 GAR 保单隔离和单独管理。这个决定带来了两个问题。

第一，必须要强调的是，从 ELAS 开始销售差别红利保单到英国国会上议院裁定时已经过了 6 年，在这 6 年间，ELAS 又缴纳了很多新的非 GAR 保费。虽然 ELAS 已认识到与 GARs 相关的风险（它在 1988 年停止销售 GAR 保单），但它在财务报表中没有确认此风险的大小，没有增加与这些期权价值相等的准备金。这使 ELAS 人为地看起来很富有，并使它极力以新业务快速扩张的方式稀释 GAR 损失。正如独立公司的案例，这种做法与"为复兴下赌注"如出一辙。

第二，正如布雷克所指出的（2001，第 4 页），英国国会上议院的决定本质上是相互矛盾的。一方面，它表明所有投资于同样资产池的保单持有人应受到同等对待。但 GAR 和非 GAR 保单持有人对于同样资产池具有不同优先级别的索赔权。因此，不可能受到同等对待。另一方面，它还排除了隔离 GAR 合同的可能性。因此，ELAS 并没有得到清晰的路线图来解决 GARs 问题。

总之，该决定不尽如人意的出台时间和内容表明由专业监管当局及时解决此类问题的重要性。专业监管当局比一般法律体系具有更多的金融专业知识和更快的处理程序。

对于 ELAS，该决定的总成本估计达 15 亿英镑（其中 2 亿英镑用于弥补 1994 年和 2000 年间的低红利，其余用于填补未来亏空）。这相当于 25% 的 GAR 保单价值。在 2001 年 2 月，ELAS 将 5 亿英镑的非盈利业务资产转移给哈利法克斯公司（Halifax）。哈利法克斯公司承诺，粗略地说，如果到 2002 年解决 GAR 问题的妥协达成，则另外再投资 5 亿英镑。2001 年 7 月 16 日，部分源于股票市场下跌，所有保单价值都减少了 16%。哈利法克斯公司关于额外投资 5 亿英镑的有条件承诺对于 ELAS 来说，当然是至关重要的，因此 ELAS 提出了如下妥协方案来解决 GAR 问题。妥协方案包括：

- 将 GAR 保单价值提高 17.5%，以换取 GAR 保单持有人放弃对 GAR 的权利；
- 将非 GAR 保单价值提高 2.5%，以换取放弃对不当销售索赔的承诺。

该妥协方案需要由多数具有投票权的保单持有人（并且达保单价值的 75%）同意。2002 年 1 月 28 日，保单持有人几乎一致同意该方案。这可能是因为保单持有人没有其他选择，为了得到哈利法克斯公司的金钱，只能接受该方案，而不是真正出于内心的认同。

不幸的是，这并未结束 ELAS 的麻烦。虽然它在 1988 年就已停止销售 GAR 养老金年金，但直到 1996 年，它仍继续提供在合同储蓄阶段的其他免费卖出期权，如保证利率（GIRs）。保证率为 3.5%，适用于大约 75% 的产品，这对于 2001 年陷入困境的金融市场是一个雄心勃勃的目标。因此，在上述妥协方案通过后，以盈利为目的的基金仍处于困境，面临着完全同样的结构不一致性问题，即将资产集中起来，对应不同种类的负债。总之，在 ELAS 高级管理层明确认识到 GAR 问题之后的 15 年，亏损仍未减少。

2.4 欧诺帕维保险公司（Europavie）

欧诺帕维保险公司是法国自第二次世界大战以来[①]首家破产的人寿保险公司。它是一家小公司，在 5000 亿法郎的市场上拥有 3.5 亿法郎的保险负债。然而，该冲击仍足够重大从而引发了巨大反应：人寿保险保障基金的诞生。

欧诺帕维保险公司由一群经纪人成立于 1987 年。通常，经纪人成立保险公司，是由于他们不满意市场上现有的合同，并想提供由他们制作的更符合客户需求的合同。欧诺帕维保险公司专长于由房地产支持的投资连结合同。投资连结寿险合同不保证固定的现金支付，而是投资于某些投资工具的固定份

---

① 公平地说，直到 20 世纪 80 年代中期，法国人寿保险市场的稳定多是由于缺乏竞争以及合同定价过高。

额，投资工具通常是相互基金。欧诺帕维保险公司发行的此类合同，受房地产基金支持。此类合同从审慎角度看一般比较安全，因为投资风险由保单持有人承担，而非保险公司。通过运营，资产与负债相匹配。然而，欧诺帕维保险公司对投资于这些合同的保费提供了较高的保证利率，即8%。当法国房地产泡沫破裂时，这种非常不合理的承诺使公司在20世纪90年代早期陷入了困境。一个多样化经营的综合性集团——思耐特公司（Thinet）——1994年收购欧诺帕维保险公司。当时，思耐特公司对金融服务行业并不擅长，而是专长于各种非金融业务和房地产。收购欧诺帕维保险公司是成本较低的通往金融房地产业务的途径。顺便提及一下，我们注意到，该项收购得到法国监管机构的授权，虽然法国保险公司协会在1987年和1994年拒绝给予思耐特公司会员资格。思耐特公司继续开发由房地产支持的投资连结合同，到1996年成交量翻倍。从1996年起，欧诺帕维保险公司没有实现房地产损失，而是用其他普通资产来兑付合同。在1997年，思耐特公司的子公司德国银行BVH变得资不抵债，欧诺帕维保险公司相当多的普通资产存放其中。德国银行业监管机构采取了惩处措施。结果，整个集团走向破产，处理资不抵债问题。由于BVH违约和过早地兑现流动资产来偿付合同，欧诺帕维保险公司最后只剩下不充足的金额且缺少流动性的不良资产来支持其负债。最终的亏空是1.2亿法郎，比其保险负债的三分之一还多。

由于总体情况已足以发人深省，我们在此便不再详述该案例的技术细节。很显然，经营该公司的高级管理层和内部股东不具有任何保险专业知识，其行为如果不是欺骗性的，至少是不负责任的。我们从该案例吸取的教训是，从审慎角度看，综合性集团应受到特别关注。思耐特公司是家小型综合性集团。但谈到综合性集团时，规模不是考虑的主要问题。重点是思耐特公司涉足了多个欧洲国家的多项业务。因为监管机构，例如，法国保险监管机构和德国银行监管机构，没有充分合作，思耐特公司对于它们来说是一团迷雾。由于缺乏并表监管，评估一家综合性集团中每个部门或子公司的实际情况比较困难。而且，一旦集团陷入困境，股东将比无协调的监管机构更具优势，可以从自己利益出发来处理公司的资不抵债问题：即通过利用法律漏洞和当地破产法律的差异[①]，使保单持有人赔款的追偿金最小化。

2.5 为什么保险公司应受到审慎监管？第一个路径

虽然这四家公司在不同的国家经营不同的业务线，但有趣的是，它们的经营困境经历有几个共同的特征。基本的情景是相同的：在最初的意想不到的资产（例如，对于 GAN 和欧诺帕维保险公司而言，房地产泡沫的破灭）或负债（例如，对于公平人寿而言，GAR 变为价内期权）冲击后，公司的净财富开始下降。但似乎只有公司内部人，即高层管理人员和一些

[①] 这种情况是我们为什么在第 8 章提出对金融综合性集团进行特殊监管的建议的原因之一。

内部股东，当初对此有反应。他们没有减少亏损，而是认为"为复兴下赌注"最为理想。从他们的角度看，这样做是正确的。如果这不起作用，如前面所述案例的情况，保单持有人最终的结果比这些内部人开始"为复兴下赌注"之前还要差。与非金融公司或银行相比，为什么该方案在保险公司中更可能发生且成本更高？我们认为此类公司治理问题缘于以下两个因素的结合。

第一，"生产周期倒置"使得保险公司的高级管理层在下冒险的赌注时容易隐藏困难。如果这些赌注失败，更多的亏损将通过下更冒险的赌注来弥补。因此，亏损不会因流动性需求立刻实现，由于承担过多的风险，这就为外部冲击的内生性放大创造了空间。第二，由于愿意减少其损失的强硬且经验丰富的债权人缺失，因此这个螺旋在流动性问题揭开资不抵债问题的真实规模之前不可能停止。

我们认为，应对这两个因素是审慎监管存在的重要原因。我们将在第 4 章和第 5 章对此进行详细阐述。在此之前，第 3 章将描述审慎体系的主要特征，并简要介绍审慎监管的风险理论分析。

3 审慎监管的先进技术

本章旨在提供当前关于保险公司审慎监管的主流观点的总体情况。我们首先解释审慎体系的主要特征，接着阐述从业者在讨论审慎监管时想到的主要理论框架，最后强调我们认为这个理论框架的缺点是什么。

3.1 审慎体系的主要特征

审慎体系基本上包括两个要素：

(1) 审慎监管规定保险公司

①必须以足够保守的方法来估计对于保单持有人的未决赔款；

②所投资资产的总流动性和风险特征必须与负债相匹配；

③必须用自有资本对上述估计进行额外的资产

融资。

（2）监管当局负责

①监督保险公司遵守审慎规定；

②对不遵守这些规定的保险公司采取纠正措施；

③在有些国家，管理保证基金，以保护保单持有人不受保险公司经营失败的影响。

该定义十分宽泛，涵盖了大多数审慎体系。然而，具体技术细节在不同国家之间差异很大。例如，让我们比较一下关于保险公司资产负债表在大西洋两侧的不同规定：美国和欧洲市场。

在欧洲，偿付能力要求建立在两条规则之上。第一，保险负债估计（在欧洲法律中称为"技术准备金"）必须有等额的合格资产对应。为成为合格资产，资产必须充分分散化，如分散于不同种类（股票、固定收益和房地产等）和不同对手方，每种资产上限可表示为技术准备金的一定比例。当资产安全（例如，政府债券）或具有流动性（例如，在大型交易所上市的股票）时，该比例会大些。第二，保险公司必须满足欧洲偿付能力边际。大致而言，这规定了公司股本的账面价值必须超过某阈值，此阈值表示为保费收入（非寿险）或准备金（寿险）的分段线性函数乘以再保险分出率。

在美国，偿付能力要求是所谓的以风险为基础的资本（risk-based capital，RBC）。最低资本要求是几个变量的复合（非线性）函数，这些变量代表保险公司面临的几种风险：保费收入及其变化、准备金及其在每条业务线的流动、交易对手方和资产类别的风险敞口，以及表外业务。公司必须在特定会计准则（法定会计准则，SAP）下符合这一要求，SAP比用于公开报告的会计准则（通用会计准则，GAAP）更保守。即使欧洲和美国的偿付能力要求在数字上会产生不同的结果，但二者都对保险公司净股本的下限进行了规定，而且要以特别保守的方法进行估计。

在这些例子中，更为普遍的是，审慎规定对于保险公司资产负债表的两端如何评估当然十分敏感：审慎标准的早期是会计和精算标准。在实际中如何制定此类标准是一个充满困难和富有争议的话题。一些国家的金融机构和监管者曾强烈反对国际会计准则委员会关于国际会计准则要基于"公允评估"的建议说明了这点。美国选择了与一般会计准则不同的特殊监管会计标准，该标准既有缺点又有优点，本书将在后面进行讨论。

在国家间，不仅审慎规定而且监管当局的设计和组织也都十分不同。例如，在英国，对准备金政策的持续监测由竞争市场中的保险公司所聘用的指定精算师负责，非常像审计公司。在法国，这项工作由雇用拥有无限任期的公务员的政府垄断部门负责。在各国间另一个重要的差异是保险监管机构是否是同时负责监管其他金融机构的监管当局的一个部门（如在英国、日本、德国、澳大利亚、新加坡和其他一些国家），或是否是自治机构（如在美国、法国、意大利和西班牙）。

规则和机构设置的多样性说明，对于最优的审慎体系组织结构，大家没有广泛的共识，从而表明对于这些体系的目的也有可能存在分歧。

在过去的 20 年里，保险活动的发展，如美国国际集团或法国安盛集团等全球性集团的出现、风险管理技术和投资战略复杂性的增加，以及竞争的加剧——对于行业效率的提高无疑是好消息。但这也意味着当保险公司陷入财务困境时，审慎监管当局能够及时采取纠正措施比以往更加重要。

一些国家认识到这种变化，并因此在 20 世纪 90 年代对其监管体系进行了深入改革。例如，在美国，全美保险监督官协会（National Associatio of Insurance Commissioners，NAIC）建立了一个复杂体系，即金融分析和监测跟踪（FAST），旨在早期察觉遭受财务困境的公司。该体系基于公司资产负债表和收入表的详细信息，这些信息通过保险监管信息系统（IRIS）收集，表现为几个会计比率（12 个针对寿险/健康险公司，11 个针对财产险/意外险公司）。在经历了一波引人注目的保险失败事件后，这些复杂的监管系统自 1993 年起至 1994 年就开始使用了。

很多国家都对监管体系进行了重大改革。例如，澳大利亚颁布了《非寿险改革法案》（自 2002 年 7 月生效），并针对非寿险公司制定了新审慎标准。澳大利亚审慎监管局（Australian Prudential Regulation Authority，APRA）已经制定了 6 项审慎标准，涵盖负债估值、资本充足性、再保险、风险管理、保险业务转让和合并,以及国内投资。类似地,在英国,监管整个金融服务行业(包括银行和保险公司)的金融服务局(FSA)[①]发布了综合审慎参考资料。该资料旨在将全部金融领域的审慎原则整合在一起。它按照风险因子(市场、信用、操作、保险和集团风险)列出审慎标准,而不是按照公司是银行、保险公司或是投资公司。该资料还要求保险公司系统地使用压力测试内部系统,从而自己决定为应对业务内在的风险所需要的资源水平。最后,欧盟发布了新指令(称为偿付能力Ⅰ)和对第二个偿付能力体系的提议(称为偿付能力Ⅱ)。偿付能力Ⅰ于2000年10月推出,提出了对寿险和非寿险公司的偿付能力边际要求的建议。它对1999年5月批准的针对单一的金融服务内部市场的欧盟行动计划进行了修订。偿付能力Ⅱ是针对综合性金融集团的审慎监管的指引建议,它涵盖的问题包括双重杠杆(即将同一资本计算两次,从而在同一综合性金融集团的两个不同实体中同时被用做防范风险的缓冲器),以及消除对银行和保险业务不同监管方式的不一致性。

除了上述这些改革,几家国际组织也在着手对保险审慎监管进行修改。国际保险监督官协会(International Association of Insurance Supervisiors, IAIS)发布了关于偿付能力的报告,目的是协调成员国间的偿付能力原则。国际精算师协会(International Actuarial Association, IAA)针对银行审慎监管标准,

---

① 译者注:2013年4月1日,英国《金融服务法》生效,新的金融监管体制已正式运行。金融服务局被撤销,其职能分别由审慎监管局和金融行为监管局承担。

向巴塞尔银行监管委员会发了一份书面反馈意见。IAA建议"银行业、保险和投资管理的审慎监管制度中的会计方法需要达成一致性"。最后，如前所述，国际会计准则委员会（IASB）也在寻求制定针对保险合同的国际会计标准。

我们将在此书讨论，尽管有以上这些发展，如果监管者早些干预，这几个引人注目的保险公司失败情况可以得到有效控制，以及在更有效率的监管机制下早期干预是切实可行的。我们所开展的保险监管的经济分析表明，监管体系有提升的空间，它可以更好地处理陷入困境的公司，同时对于功能完善的监管体系处理成本更低。下面，让我们先描述审慎监管的标准精算方法。

3.2 监管和破产理论：控制失败的概率

保险监管基于的标准理论方法起源于精算方法，更确切地说是破产理论。有必要在此简单介绍该理论以及再讨论一下它的局限性，因为它是大多数保险从业者或监管者在考虑保险监管时便会想起的理论，当然部分原因是他们中的很多人经培训已成为精算师。

一般而言，该方法假设审慎监管的目的是确保保险公司破产的概率低于某个既定"可接受的"值。另一种假设是为达到此目的，监管者可用的主要工具是制定法定偿付能力边际，即公司所拥有的可用做缓冲器的自有股本的最低数额。虽然该方法在保险行业是传统的和典型的，但可以有趣地注意到，随着使用"在险价值"管理市场和信用风险的方法兴起,相似的观点最近在银行业变得有影响力。这些方法可能包含技术很高的模型工具,但它们取决于同样的简单原则。

让我们使用下面的简化资产负债表,通过保险公司的程式化例子来说明该方法:

资产 A	准备金 R
	股本 E

我们先暂时忽略资产风险,并假设该公司的资产由无风险投资组成,其收益率标准化为零。同时我们假设该公司不承保新风险。公司的利润和亏损由资金流或未来赔款的当前估计即准备金 R 与最终成本之差决定。

将 $(1+\tilde{x})$ 设为随机变量,表示最终成本与准备金之比,如果最终成本 $R(1+\tilde{x})$ 超过资产价值,则意味着在所涉及的时期末失败将发生:

$$R(1+\tilde{x}) > A = R + E$$

两侧分别减去 R,并除以 R,我们可以看到失败的发生是随机事件:

$$\tilde{x} > E/R$$

因此,如果比率 $\tilde{x}$ 的概率分布 Φ 通过统计方法来估计,失败的概率可估计为

$$\Pr(\tilde{x} > E/R) = 1 - \Phi(E/R)$$

如果 m 表示 $\tilde{x}$ 概率分布的99%分位点（见图3.1），我们看到设置最低的边际要求可将失败的概率限于1%以下：

$$\frac{股本}{保费收入} \geq m \Leftrightarrow \Pr(失败) \leq 1 - \Phi(m) = 1$$

破产理论实质上是解决比该模型更复杂动态的模型，从而能够估计在既定的可能较长的时间范围内，为获得至少99%（例如）的生存概率所需要的最低偿付能力边际。

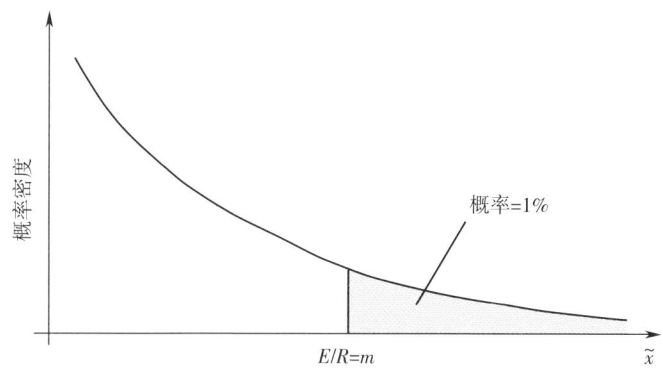

图3.1　1%的破产率情况下的边际要求

下面我们对资产的风险特征进行说明。考虑保险公司投资于以下两类资产的情况：无风险资产，收益率标准化为零；风险资产，随机收益率为 $\tilde{r}$。因此，资产负债表如下：

无风险资产 A_0	准备金 R
风险资产 A_1	股本 E

在这种情况下,当 $A_0 + A_1(1 + \tilde{r}) < R(1 + \tilde{x})$ 时,失败则发生。

因为 $A_0 + A_1 = R + E$,这相当于

$$\tilde{y} < -E$$

其中,$\tilde{y} = A_1\tilde{r} - R\tilde{x}$,表示净营业利润(财务收入与支出之差)。假设可以大致用平均值为 0 和方差为 σ_y^2 的正态分布来估计 $\tilde{y}$,用 $N(-E/\sigma y)$ 来估计失败概率,其中 N 是一个标准的正态分布。由于该分布左侧1%分位点的值大约是 -2,若 E 至少等于 $2\sigma_y$ 时,失败概率将小于1%。现在可以容易地计算出 σ_y:

$$\sigma_y = \sqrt{A_1^2 \sigma_r^2 + R^2 \sigma_x^2}$$

其中,σ_r^2 表示风险资产收益的方差,σ_x^2 表示损失率的方差,并假设这两种风险是相互独立的。因此,将失败概率限定于预定阈值的方法是设定最低资本要求,其计算令人想起美国的 RBC:

$$\text{Eqvity} \geq \sqrt{4A_1^2 \sigma_r^2 + 4R^2 \sigma_x^2}$$

这些比率所基于的假设,即技术和财务风险是相互独立的,似乎有些不切合实际。偶然得到的证据表明陷入困境的保险公司倾向于同时经历财务和经营困难(如 GAN 的例子)。因此,假设这些风险正相关似乎更符合实际。当然,这种相关性与两种风险都受到同样的因素驱动,即同样受到公司组织缺乏效率以及治理水平低下因素的驱动。

破产理论的实践局限性

尽管精算方法为边际要求和 RBC 一类的公式提供了理论基础，但这些公式似乎并不特别擅长预测实际中的失败或财务困境。几位学者［卡明斯（Cummins）等，1995、1999；格瑞斯（Grace）等，1993］曾研究过 RBC 和 FAST 分数，对于美国保险公司发生财务困境或失败的预测能力。所有这些研究得出结论，这些技术的预测能力是十分微弱的。[①] 基于现金流模拟的其他方法，似乎更有效。无论如何，公平地说，没有哪种简单的方法可以用来预测保险公司的财务困境。认为监管机构能够采用统一的公式将保险公司的失败概率限于一个外生最大值（anexogenous maximum），似乎是不切合实际的。

破产理论的概念局限性

*破产理论没有解释为什么要对破产概率进行监管。*多数关于公司金融的教科书从著名的莫迪利安尼（Modigliani）和米勒（Miller）（1958）的不相关结论开始。这个结论表明，在资本市场无摩擦的情况下，公司的债务与股本之比应该不影响其总价值。实际上，资本结构只影响公司总价值在股东和债权人之间分配的方式。

如果我们将莫迪利安尼—米勒定理应用于保险公司，限定破产概率的上限可以创造价值的理由并不显著。在无摩擦的世

---

① 注意这并不一定意味着这些分数是"错误的"。可能只是由于失败保险公司的样本太小，从而导致保险失败的统计模型必然被拒绝。

界里，要求保险公司的股东抵押资产来偿付超过所收保费的保险负债应该是中性的。实际上，保单持有人应该愿意支付更高的保费，因为这种抵押降低了保险公司的违约概率。但至少在没有套利机会的情况下，这项有利之处将正好被新的承诺资本所抵消。

在现实中，并不能满足莫迪利安尼—米勒的不相关结论所基于的完美无摩擦资本市场的假设条件。公司金融理论已经提出了几个关于资本结构为什么重要的原因。我们将阐述其中一些原因，并在本书的剩余部分将它们应用于保险。但破产理论通常是在标准化理想的模型中发展起来的。在这些模型中，不存在可以证实资本结构具有相关性的不完美情况。换而言之，破产理论在审慎监管无意义的模型中研究审慎监管！

*破产理论并未告诉我们，资本要求是限制破产概率的最好途径。*即使有人认为保险公司的失败概率必须得到监管是理所当然的，保险公司的资本为什么是控制失败概率的最好方法也仍不清晰。为了进一步说明这一点，我们将对本章所用的破产理论基本模型稍加丰富，更有针对性地对保险组合进行建模。

例如，一家保险公司拥有股本 E 以及 N 个独立的且同样分布的风险组合。用随机变量 $\tilde{S}_i$ 表示来自风险 i 在相关时期内的损失，以及 $i=1,\cdots,N$。假设每个 $\tilde{S}_i$ 的平均数为 μ（标准化为1），标准差为 σ。每项风险由保费 $1+\rho$ 来覆盖，其中 $\rho>0$ 表示加载因子（再保险净保费）。

因此，破产概率 P_r 表示如下

$$Pr(E + N(1 + \rho) < \tilde{S}_1 + \tilde{S}_2 + \cdots + \tilde{S}_N)$$
$$= Pr(\tilde{S}_1 + \tilde{S}_2 + \cdots + \tilde{S}_N - N > E + N\rho)$$

根据切比雪夫不等式①，可得出

$$Pr \leqslant \frac{N\sigma^2}{(E + N\rho)^2} = \frac{1}{\beta^2}, \text{where} \beta = \frac{E + N\rho}{\sqrt{N}\sigma}$$

切比雪夫不等式得出了一个十分保守的破产概率上限。在破产理论中，β 通常被称为安全系数。提高 β 等于降低破产概率。这种表述表明存在很多提高 β 的途径。通过资本要求增加 E 当然是其中一种途径，但还有其他途径，如增加 N 或 ρ，或减少 σ。

因此，除了施加资本要求，为什么不要求保险公司充分地收取保费，购买足额再保险来降低 σ，或甚至获取足够大的组合？

任何一位明智的从业者或经济学家对此都有明确的回答。对承保政策进行修改，不论是提高价格还是组合规模，都必须谨慎。否则，特别是由于信息不对称，这种策略对所承保风险的性质造成的复杂不利影响可能超过其所带来的好处。请记住，第 2 章所描述的一些陷入困境的公司案例表明，承保业务

---

① 切比雪夫不等式说明平均数为 0 的随机变量 $\tilde{Y}$ 超过某门槛 α 的概率小于 $\tilde{Y}$ 的方差/α^2。在此，设 $\tilde{Y} = \tilde{S}_1 + \cdots + \tilde{S}_N$，$\alpha = E + N\rho$。由于每项损失是独立的，$\tilde{Y}$ 的方差等于 $N\sigma^2$。

的突然变化常常会增加失败的风险。

同样,再保险降低了损失 σ 的波动性,但也降低了预期利润率(净加载因子)ρ,因为保费收入的一些部分被用来支付再保险公司所承担风险的报酬。这两种影响是导致破产概率上升还是下降,将取决于再保险合约的设计和定价。

总之,很难相信监管者将能够使用这些替代工具来控制破产概率以及恰当地处理它们的负面影响。实现这些所需要的信息收集和专业技术能力至关重要。但对于资本要求而言,情况真的有所不同吗?

*破产理论忽视了市场对监管的反应。*让我们再次假设由于坏运气而限定破产的发生是需要的,并且进一步假设监管者为实现这个目的可使用的唯一工具是资本要求。破产理论仍忽略了重要的一点,即为了得到适当的结果,应十分谨慎地使用这类工具。该方法视保险公司为"黑匣子",将保费收入变换为随机变量。但保险公司是对经济环境和业务条件具有最佳反应的公司。施加资本要求将影响对保险生产功能至关重要的投入之一的成本:资本。因此,对于资本要求的影响分析应该考虑保险公司对于那些新生产成本的反应。

银行领域已经开展了对于这种反应的理论研究,其中包括可姆(Kim)和圣多马罗(Santomero)(1988)以及罗切特(Rochet)(1992)。这些研究表明缺乏良好设计的资本要求可能导致银行进行"监管套利",即银行可能开展目的是降低其监管资本要求而实际上却会增加其失败风险的业务活动。这也解释了为什么巴塞尔委员会花费大量的精力改革库克比率,走向更以风险为基础的方法。涉及到保险,这表明了美国的 RBC 体系对于资产和保险组合的风险情况的反应好于欧洲的偿付能力边际,可能能够更好地应对监管套利。然而,由于监管机构不可能像公司自身一样了解公司,它所实施的"一刀切"的监管怎样才真是以风险为基础的,且因此不会扭曲保险公司针对低效率组合的战略,仍不清楚。

3.3 结论

不是怎样做?而是为什么做?

总而言之,破产理论想当然地认为:
(1) 保险公司的失败概率必须受到监管;
(2) 最好的方法是设定资本要求。

于是,破产理论在假定影响保险公司净资产的风险分布情况下,重点研究资本要求的实际校准,以保证足够低的失败概率。

我们的方法将与上述方法截然不同。我们不想进行特别的设计或者目的是审慎监管。相反,我们主要识别一些基本的经济原因,来说明保险公司为什么与其他公司不同而应该受到某种形式的审慎监管。

接下来的两章将说明我们所认为的保险行业审慎监管的基

本理论基础是什么：生产周期倒置和缺乏强硬的债权人。

对监管者进行监管

目前需要强调的是，我们所识别出的保险市场的不完善性不足以保证保险监管的地位。一般而言，市场失败的存在对于保证监管的地位是必要条件，但不是充分条件。与此同时，它还必须满足监管成本小于其带来的好处。

监管的最重要成本来自监管实体可能追求与其当初被赋予的职责不同的目标。解决这个问题的唯一途径是需要十分谨慎地设计监管，从而确保监管者的自身利益与监管目标保持一致。我们将在本书的第 6 章提出实现此目的的现实途径以及向监管者提供正确激励机制的方法。

4 生产周期的倒置和保险公司的资本结构

4.1 保险行业的生产周期的倒置

在独立公司的案例中,特别明显的是,保险公司易遭受严重的代理问题①的原因是众所周知的保险行业生产周期的倒置。与大多数其他的商品和服务不同,保险服务仅在被保单持有人购买之后才产生。例如,在财产/意外保险中,保费收入通常在合同签订时由保单持有人支付,但只有在索赔和理赔发生后保险公司才进行支付,这可能需要好几年。这样做是因为在实际中,保险公司很难事后从所有未遭受严重损失的保单持有人收取保费。在人寿或职业责任保险中,保费支付和赔付之间的时间间隔可能超过20年。因此,保险公司的真实生产成本(赔付)在业务承

---

① 用经济学家行业术语而言,代理问题指公司内部的利益冲突(例如,所有人和经理人之间或股东和债权人之间的冲突)。

保和保费收取之后很久才能展现出来。而且，最终的损失在很大程度上取决于保险公司在资金流动期①减少损失的能力和所做的努力。外部的非专业人员很难证实公司理赔经理的能力和其在减少损失方面的尽责情况。事实上，在几年的期间里，理赔经理低估准备金（即在公司的账簿上低估保险负债）是十分困难的。因此，他可能步入一个庞氏骗局：通过低估近期承保业务的准备金，来为以前承保年份的资金流动损失进行融资，从而可以在很长时间里掩盖损失或管理错误。换而言之，虽然对于其他行业，但偿付能力不足之前，常常出现流动性不足的情况，但对于保险公司来说，流动性不足不会先于偿付能力不足发生。这种现象是保险重点考虑的一个方面，正如沃伦·巴菲特②在2002年致伯克希尔·哈撒韦股东信中的陈述所概括的那样：

    我承诺我们向前走的首要任务是避免准备金不足，但我不能保证成功。大多数意外保险经理的自然倾向是低估准备金，如果他们要克服这种具有毁灭性的倾向，他们一定要有种特殊的思维方式。可能会令你吃惊，这种思维方式与精算专业知识毫不相关。

    由于生产周期的倒置，对保险公司净资产的负面冲击（由于坏运气）可能造成多年以后公司才面临的严重破产。但最终

---

① 资金流动期是索赔发生和结算之间的时间间隔，对于很多种产品都超过两年。
② 沃伦·巴菲特通过建立伯克希尔·哈撒韦已成为最引人注目的美国保险成功代表之一。

4 / 生产周期的倒置和保险公司的资本结构

损失的规模则主要是最初冲击所引发的公司治理问题造成的结果，而不是冲击本身造成的直接结果。换而言之，保险公司所面临的严重困境通常来自两个独立但互相强化的原因：公司治理问题和不充足的资本。公司治理问题指公司的高级管理层不断做出破坏公司未来的决定。这些决定可能是差的或甚至是欺骗性的投资、错误的再保险或金融政策、过度的外部增长或不当的商业政策（承保"坏"风险或低定价合同）。当股东和/或董事失去了对高级管理层的控制权，这些就会发生。不充足的资本可来自不利经济条件所造成的持续恶化的盈利状况和/或巨灾损失。这导致股东的风险偏好发生改变，他们可能为了生存制定赌注战略以及故意鼓励管理层采用极具风险的政策。为了生存下赌注意味着选择具有小概率获得大盈利或大概率遭受损失的项目。从资本金不足的公司的股东角度来看，这样做是最理想的，因为在这种情况下多数损失由债权人承担。这两点原因导致了同样的结果，并且当然互相强化：当盈利状况恶化时，管理倾向于承担过度的风险，同时，这些过度的风险有可能后来发生，从而进一步造成盈利状况的恶化。

现代公司金融理论已经表明公司的资本结构是公司用来约束管理层并解决这些问题的工具。我们现在将说明这些研究结果，并讨论它们在保险公司资本要求中的应用。

4.2 保险资本和保险合同免赔额之间的相似之处

如前面章节简要所述，现代公司金融理论的起点是莫迪利安尼（Modigliani）和米勒（Miller）（1958）的不相关结论：当金融市场有效率时，资本结构不影响公司的总价值。在完美的金融市场上，资本结构只是切分"公司馅饼"的一种方式。但切分馅饼的方式并不影响其大小！有一种比较容易的方法来理解这个结论。如果投资者可以无约束地借款，与公司的成本一样，并将收入投资于无杠杆企业的股份，他们则可建立起自己的组合，相当持有同一家具有杠杆的公司的股票。公司所决定的资本结构都可能被投资者复制。因此，公司所决定的资本结构是不相关的——投资者可以使用此资本结构，或通过选择其自己的杠杆而取消此结构。这种结论显然非常不切实际！任何具有一些实际业务经验的人都承认资本结构在现实中确实很重要。但这恰是莫迪利安尼和米勒（1958）定理成为公司金融理论十分有趣的起点的原因。它确定了为获得更符合实际的金融市场模型而需要宽容的假设：资本结构的重要模型。放宽这些假设是过去30多年中公司金融理论的主要工作。本章将描述现代公司金融理论的重要发现，并将这些发现应用于对保险公司审慎资本要求作用的分析中。

为了使资本要求分析更具体，让我们使用一个正式的保险公司资本和保险合同免赔额之间的类比（我们希望其具有启示性）。为了说明为何该类比有用，我们首先比较保险公司股本和工业公司股本的作用。对于非金融公司，股本可用于生产资产（如厂房）的融资或在生产周期中用作营运资金，即为流动性缺口融资，由于在销售产出之前需要先购买投入。保险资本比较特殊：它不满足这些需求中的任何一种。生产资产（总部、软件等）是保险总资产中一个非常边缘的部分。大多数资产是金融资产。并且，由于生产周期倒置，保险公司不需要营运资金：他们在购买投入前就已将产出售出了。因此，保险资本只是一个纯粹的缓冲。保险公司股东最先承担公司的损失，承担上限是他们投入的资本额。只有当这些损失超过股本价值，保单持有人才承担超过的部分。所以，对于不需为其生产周期融资的保险公司而言，股本与保险合同中的免赔额十分相似，免赔额也是由保险购买者最先承担每个事件的损失。两者可以对应如下：

保险合同⇔资本结构

保单持有人⇔股东

保险公司⇔债务持有人

免赔额⇔资本要求

在保险合同中，保险公司通过免赔额将第一损失留给保单持有人。相应地，保险公司的保单持有人通过资本要求的方式将第一保险损失留给股东。在下一部分，我们将描述保险合同中免赔额的作用。然后，将其与资本类比，说明保险公司资本要求的基本原理。

4.3 保险合同中免赔额的作用

（1）交易成本

保险公司理赔涉及一些管理成本，如索赔需要提交、保单持有人可能存在的欺诈需要查明、检查需要审核等。阿罗（Arrow，1963）著名的结论表明具有免赔额的保险合同可以最优地应对这些成本。将风险中"风险性最小的"以及最经常发生的部分，即第一损失，留给保单持有人是可取的，因为这节省了管理费用，否则为了处理风险中无关紧要的部分还要产生管理费用。换而言之，具有免赔额的合同最好地平衡了风险转移的好处和理赔的成本。

(2) 道德风险

对于许多可保风险，保单持有人可以部分控制损失的分布。他确实可以付出或多或少的努力来限制不利事件的发生和/或成本。对于机动车保险，他可以更认真或不太认真地开车。对于公司保险，制造商可以更严密地或不太严密地监督工作人员是否遵守安全规则。对于很多保险，保险公司不可能监督这种努力或是成本异常昂贵，而保单持有人却可以花费一定的成本来做这种努力（例如，花费时间成本，开车慢一些）。这则产生了道德风险。确实，如果他购买保险，保单持有人就不再完全从这种努力所带来的积极后果中获得好处，但他仍然负担成本。因此，一旦投保，他可能付出更少的努力，以致使购买保险实际上增加了风险。理性的保险公司应该预见到这种投机行为并收取更多的保费。这是个低效的局面：较低的预期损失对于保单持有人和保险公司都会更有利。经济理论表明，在相当普遍的假设下，解决这种道德风险问题的最佳途径是包括一个由保单持有人承担的免赔额。这是最好的激励工具。更确切地说，在所有能够激发保单持有人付出努力的合同安排中，免赔额能够使保单持有人承担的风险最小化。换而言之，免赔额是风险转移所带来的好处和凭借剩余风险敞口使保单持有人有"好好表现"的动力的需要之间的最佳权衡。

（3）逆选择

道德风险是保险公司和保单持有人之间的一种信息不对称，由于后者的行为（通常指选择为降低风险而付出努力的程度）对于前者来说是隐藏的。信息不对称的另一种形式是隐藏的信息。在保险业中，存在很多例子，保单持有人拥有某些关于其风险的信息，而保险公司没有。再次以机动车为例，即使一些显性特征（性别、年龄、驾驶记录和车辆颜色等）有助于保险公司猜测保单持有人是否是安全驾驶员，保险公司也很难完全观察到驾驶员的风险特征。因此，保险公司对每个驾驶员提出了一个"平均"报价，这意味着好驾驶员补贴了坏驾驶员。经济理论预测通过提供具有不同免赔额和保费水平的合同条款，免赔额是将好风险和坏风险区分开的最有效途径。例如，坏驾驶员愿意为较小的免赔额而支付较多的保费，这可以将其显露出来。只有当他们预料有很多赔付时，这才对他们有利。免赔额是一种引导保单持有人自我选择的聪明工具，即其所选择的免赔额水平将向保险公司揭示出其风险特征。

4.4 减少信息问题的保险资本作用

现在，让我们重温这三个故事，用"保单持有人"替换

"保险公司",用"股东"替换"保单持有人",以及用"资本要求"替换"免赔额"。

(1) 资本要求和破产成本

当保险公司股东申请破产或宣布公司资产不足以匹配负债时,那么股东,通过其代表,不得不委派清算人。清算人将变现资产,并将收入公平地在股东之间分配。通常情况下,这种清算成本非常高。资本要求降低了破产发生的概率,并因此也降低了预期清算成本,这是社会所需要的。

保险清算成本非常高,因为当保险公司不再持续良好经营时,大量保险资产变得毫无价值或已大部分折现。对再保险公司或保险中介机构的索赔变得更难收取,因为这些代理机构不再对可盈利的未来业务关系抱有期望,而这种期望是使他们及时履行承诺的动力。而且,从廉价售卖流动性最低的资产(房地产、非上市证券)获得的收入通常低于账面价值。在脆弱的资本市场上(例如,在欧洲大陆市场上),由于捕食交易,即使是流动性最好的证券也可能在不利条件下出售。

(2) 资本要求和道德风险

我们之前曾强调,生产周期倒置是保险公司的内部人(高层管理层、内部股东)和外部人(主要为保单持有人)之间信息不对称的重要源泉。特别地,很难对风险管理者所开展的有效的损失降低进行观测或签署合同,可能对内部人产生私人成本。若使用资本要求,确保损失降低有效开展则对股东而言变得十分重要,因为结果对于他们具有重大利害关系。

将资本要求视做激励工具揭示了一家愿意从头开始建立新保险组合的企业必须要符合的显性或隐性条件。在多数国家，为获得保险执照，具有金融专长的投资人，通常是其他金融机构，必须在第一轮投资中具有重大利益关系。这可确保成熟的投资人将监督保险公司，因为他们的利益攸关。本章末的附录将使用一个基础模型来阐明这一点。

道德风险也是公平人寿的高级管理层在1988年为何不采取任何措施来解决未付GAR的部分原因，当时他们停止了销售新GAR，这证实他们已经知道潜在的危险。公平人寿是一家相互公司。如果它由成熟的股东所有，这些股东将会担心GAR期权经过很短一段时期很可能成为价内期权。相应地，他们可能对高级管理层施加一些压力，使其快速地重新协商那些合同。相反，直到1993年前，ELAS没有采取措施。在1993年时，重新协商已经变得十分困难。

然而，注意，当道德风险受短期效益主义驱动时，使用股本作为激励工具是毫无意义的。例如，公平人寿在20世纪60年代承保的GAR不意味着在合同签署后的前20年左右有任何显著的现金流出。可能只有少数经理或股东会担忧在未来20年他们所做的决定导致的后果。

(3) 资本要求和逆选择

假设有几类保险风险管理者，有些擅长其工作，有些不擅长。但只有股东，而非监管者，知道他们属于哪种类型。资本结构是将他们区分开的工具，或通过"发信号"，或通过"审查"。

"发信号"是指公司可以通过投入可观的资本向市场宣布它是一家"好"公司。这是一种可靠的宣布,因为"坏"公司不会冒着破产时失去这些资本的风险(此风险对"坏"公司更大)。为了说明资本这种发信号的作用,请注意施罗德投资公司(Schroder Investment)开始出售其在独立公司的股份是独立公司申请破产之前一年多的时间。这是个有趣的暗示,意味着该金融资深投资人不再愿意持有独立公司的股份,并显示出它对独立公司管理层缺乏信心。

与审慎监管更相关的是"审查"。保单持有人或其代表可以将资本规定作为审查工具。通过拒绝购买不符合法定资本水平的公司的保险,他们可以审查公司:"坏"公司不再愿意经营,因为若将所要求的资本置于风险中,他们的损失将十分惨重。

然而,请注意股本不是获得股东信息的最有效工具。因为危险的保险公司不仅由于错误定价的组合而具有高的失败概率,而且具有某种高盈利概率,比如由于激进的投资策略。股本的市场估值考虑了潜在的正面因素以及负面因素,以致负面的信号受到了正面的信号的干扰。然而,保单持有人主要关心负面因素。在银行业研究中,几位学者曾注意到,次级债价格所传递的关于银行违约概率信号可能比股票价格更纯粹,因为高利润预期不会对支付次级债债权人产生多少影响,只有违约概率有影响。因此,一些作者[例如,卡罗米瑞斯(Calomiris），1998；比利斯（Bliss），2001］建议在银行的资本要求中规定最低的可交易次级债水平，将有助于监管者从资本市场获取信息。这是个吸引人的观点。然而，保险公司对该观点的实践兴趣似乎有限，只有其中一些最大型集团的资本需求大到可以保持一个次级债以合理的价格进行流动的市场。

4.5 结论：生产周期倒置所产生的代理问题可以通过对保险公司施加资本要求得到减少

运用资本结构理论，我们已经说明了保险公司资本化非常重要的原因。总而言之，一旦公司经营受到一些代理问题困扰，资本结构对于任何公司都很重要。因为保险公司的生产周期随着时间的推移被倒置以及延长，对于它们更可能如此。因此，为了有效率地经营，保险公司做到充分资本化十分重要。

但因为股东和保单持有人都缺乏动力将资本结构协议包含进保险合同中，所以这必须由外部监管强制实施。保单持有人不能强制实施这种规定：因为集体行动问题，他们不能作为一个单独的、强硬的债权人行动。解决强硬的债权人缺失问题将在下一章进行讨论。

4.6 附录：作为激励工具的资本要求

附录包含以保险为背景，对于霍姆斯特罗姆（Holmströmt）和梯若尔（Tirole）（1997）基础模型的简单再解释。让我们考虑以下情形。一群机构投资者打算筹建一家保险公司。法定资

本要求是 I。为了简化说明，该组合的风险特征如下，它既可能产生最终的利润 R，也可能产生巨大损失，损失大于资本要求时，将造成公司破产。这里，法定资本要求旨在作为一个缓冲，来限制由债权人所承担的损失的程度。

这里存在道德风险问题：公司的成功概率取决于管理人的努力。通过监督这些管理人，由具有金融和保险专业知识的机构投资者所组成的公司创立人，能够通过 δp 增加成功概率。如果他们进行了监督，我们用 p 表示成功概率[①]。然而，这种监督努力包含时间和资源。它产生了私人成本 c。而且监督努力不可能被监管者观察到。创立人投资于公司的初始资本数额为 A。假设

$$pR - c > I > (p - \delta p)R$$

在什么条件下创立者能够筹建公司？如果 $A \geq I$，他们有充足的资本满足法定要求，并且上述不等式确保他们将监督管理人。实际上，只有当他们开展监督时，项目才有正的净现值。现在，如果 $A < I$，他们不得不寻求外部投资人对 $I - A$ 之差进行融资。外部投资人没有能力监督经营状况，只有当他们抱有收支平衡的希望时，他们才愿意将资金投入到项目中。只有当内部人监督公司时，外部投资人才能够收支平衡，否则上面的不等式意味着该项目具有负的净现值。只有当内部人的股份有如下正面的结果，可用 R_I 表示，他们才具有内在监督的动力。

---

① 缺失监督情况下的成功概率则为 $(p - \delta p)$。

$$pR_I - c > (p - \delta p)R_I$$

这个不等式表示虽然监督成本较高,但对于他们更有利。因此内部人的股份必须满足不等式

$$R_I = \frac{c}{\delta p}$$

与此同时,外部投资人的预期回报必须为正值:

$$p(R - R_I) \geqslant I - A$$

将这两个不等式结合起来,表明公司能够筹建起来,只有当

$$A > I - p\left(R - \frac{c}{\delta p}\right)$$

由于道德风险,只有当资深股东持有充足的初始股份时,保险公司才能建立起来。

5 在保险公司的金融结构中缺失强硬的债权人和不完全合约

5.1 缺失强硬的债权人

生产周期的倒置可能引起一系列反应，由于保险公司内部缺失强硬且资深的债权人，不完善的治理和价值破坏将彼此增强。一个典型的非金融企业有两类债权人，即大股东和银行。他们或拥有金融专长，或能够负担起聘请专家。如果负面因素冲击了公司，银行将发挥重要作用，因为他们担心一旦情况进一步恶化，有可能无法收回其贷款的全部价值。更重要的是，与股东不同，他们有较少的动力为复兴下赌注。为了说明此情况，假设公司的净财富由于负面冲击减少了，例如，60%。股东已损失了其初始投资的大部分，即60%。投下一个十分危险的赌注，可能导致高概率的大规模破产，也可能导致低概率的巨额利润，这对他们非常有吸引力。由于股东拥有有限责任，他们的风险偏好很大。对剩余40%的损失可能被一个良好的预期前景所抵消，即使这个前景具有很低的成功概率。相反，因为其债权比股权具有偿付优先级，银行具有采取立即纠正行动的动力以稳定收入，从而保持其债权的全部价值。具有较大负面因素和较大正面因素的项目对他们没有吸引力，因为他们不能从正面因素中受益。

与在非金融公司不同，保险公司内部高级债权的持有人不是像银行这样的成熟投资人，而只是保单持有人自身。他们的股权占资产负债表右手方的大部分，通常90%左右；保险公司是高杠杆企业。这种高杠杆使股东具有强烈的动力走向风险转移政策。而且，不像银行，保单持有人是分散的且不充分了解情况；没有人（单独地）有足够的动力付出时间、精力，和/或财务资源对保险公司的管理进行监督。保单持有人面临着根本的"搭便车"问题。我们在本章中将探讨该问题，该问题由德沃特里庞（Dewatripont）和泰勒尔（Tirole）（1994）正式提出。我们认为该问题是审慎当局存在的主要理由。但这并不意味着审慎当局应该力争完全消除失败。失败是经济生活的必要要素，这样低效企业才会消失，资产才会重新分配给高效企业。而且，因为管理人有时会受到诱惑而通过控制或建立低效企业享受私人利益，失败本身为管理人构成了一个强大的约束工具。当然，失败在事后成本很高，并且一般会对公司的债权人、员工和顾客产生负面的外部效应，这说明了为何风险处置不得不认真设计，从而限制那些外部效应，并且同时保持管理人和股东的内在动力。但是，将零失败作为目标是不切实际的，因为这意味着或是保险公司停止承担风险（即放弃其核心业务），或是偿付能力要求很高以致金融服务极其昂贵。因此，决定审慎监管者何时进行干预以及当保险公司重组时采取何种处置方法十分重要。

注意保险行业中存在的一些情况，在这些情况下，保单持有人并不面对这个协调问题。例如，当大型和资深的经纪人，像怡安（Aon）或达信（Marsh & McLennan）代表保单持有人与公司签署合同时就不面对协调问题。非常有趣的是，在没有任何监管的情况下，这类经纪人会停止与信用评级被降到低于已定门槛的公司开展业务。他们原本可以要求较低的保费来作为违约风险增加的补偿，但可能因为担心代理问题，他们只是停止了与资本不足的公司的业务往来。换而言之，当保单持有人由资深经纪人代表时，他们不会面对集体行动问题，这样，自由市场的结果在某种程度上与监管资本要求相似。

在实践中，审慎当局比经纪人发挥更大的作用：他们不仅监督保险公司是否遵守资本充足规定，而且还应该做出重要决定，例如，关于违反这些规定的保险公司的重组或甚至清算。为了分析控制权从股东向监管者转移，我们需要使用资本结构理论，在此理论中，这种权利的重要性放在首位。到目前为止，我们忽略了这一点，因为所借助的理论只基于现金流权。更确切地说，我们强调因为债务和股本对企业资产所产生的现金流的索偿权级别不同，不适当的债务和股本组合将扭曲付诸努力或披露个人信息的动力。在实践中，债务和股本的不同，不仅涉及现金流权，而且涉及控制权。原则上，只要企业的净财富十分充足，股权持有人就应控制企业，由他们负责做出所有重大决定。每当企业偿付能力不足或接近偿付能力不足，债权持有人（特别是银行）将实施控制权。当企业需要重组或清算时，他们将成为最重要的决策者。从理论的角度看，控制权的重要性乍一看并不明显。每个人都理解当一家企业的负债达到一定阈值就不得不重组。一旦触及该阈值，无论企业由谁控制，都可以简单地记在公司合约中并由管理层执行。但由于合约内在的不完全性，换而言之，由于事先描述所有在失败困境中需要采取的相关行动非常困难，因此在困境时所负责的代理人身份就十分重要。

5.2 审慎监管和不完全合约

控制权重要的原因在公司金融和合约理论中已得到确认，特别由阿洪（Aghion）和伯尔顿（Bolton）（1992）以及哈特 Hart（1988）[①] 率先提出。该原因一般被称为合约的不完全性。合约的不完全性指在未来某些情况下采取的行动方式不可能在合约中精确地描述，因为无论行动还是情况都难以提前想到并描述。对于后者而言，情况是"不可立约的信息"之一，而前者被定义为"不可立约的行动"之一。

---

① 关于合约不完全性对企业财务结构的影响的全面解释可参阅哈特（1995）。

不可立约的信息

一家企业所提供的会计信息对其财务健康状况评估是必要的，但肯定不是充分的，因为它只是对其真实情况的一个十分简化、标准的概要描述。对一个复杂机构如大型公司的看法，是大量其他信息组合的结果，例如关于企业的一般环境，或高级管理层的性格特征。这对具有长的（或倒置的）生产周期的行业尤其如此，像保险业。为了预测保险组合的演变，需要猜测一些复杂因素的变化，如全球恐怖主义、气候变化，以及有关专业责任的法庭决定和股票市场的长期回报等。因此，一位专家尽管拥有强大的量化技能，但其对于保险公司的整体状况的评估最终所凭借的是"直觉"，"直觉"多于精确计算的结果。"直觉"是不可立约信息的一个很好的例子。这是一个令人信服但却无法完全证实的想法。因此，既然很难可靠地通过与第三方沟通进行证实，那么几乎不能将其包含在合约中。

不可立约的行动

即使假设一些可立约的信息，如非常糟糕的财务比率，使公司的重组成为必要，这种情况仍可能发生，即对需要做什么的详细情况不可能签署进合约。正如古老的商业格言所说："管理比科学更具艺术性。"如何缩减成本？新承保标准应是什么？哪种资产需要快速出售？哪种资产必须持有等到更好的"市场条件"？哪种谈判策略应用于再保险公司？重组政策不可能源自于一个运算法则或某系统性决策规则。两个不同的管理人也会以不同的方式来实施。

因为许多行动和信息,特别是最关键的部分,一般不能在公司合约中详细描述,所以控制权很重要,或者更确切地说是剩余控制权。剩余控制权包括对不能在合约中描述的所有因素的控制。根据定义,这种权利的所有人具有至关重要的自由裁量权。因此,确保任命适当的决策者十分重要。从合约不完全性视角来看,公司治理是在正确的时间将企业剩余控制权授予正确的代理人的机制。

5.3 "代理人假设"

跟随德沃特里庞和泰勒尔(1994),我们现在将其观点应用于保险公司监管。正式的模型已超出了本书的范围。然而,注重技术的读者能够发现,它可以很容易地从德沃特里庞和泰勒尔(1994)的第7章和第8章中改写出来。德沃特里庞和泰勒尔所开展的正式分析可以简要概括如下,出于简化,我们考虑经营一家保险公司只有两个途径:一个是"安全的"策略,另一个是"危险的"策略。危险的策略包括,例如,快速的商业发展、激进的承保、新业务线或新市场的多元化,以及面临"外来的"财务风险敞口。按照安全的策略,我们则考虑稳定组合:坚持核心业务,并将投资限定于上市股票和高评级债券。我们假设这些策略不可立约。这说明了一个事实,即在实践中,从最危险的到最安全的一系列大量连续的策略不可能在任何合约中详细描述。我们也假设股东和保单持有人可获得的关于公司财务和经营情况的信息具有简单的结构。人们收到

"坏消息"或"好消息"。再一次，这个双重信号是为了使这点更清晰。它被认为只有部分可以立约。在实践中，人们处理大量的信息，并得出一个很难用做法律触发的总体印象。然而，部分信息，特别是公共账户，是可以立约的。那么，我们针对经营公司的最优方式做出如下自然的假设。当关于公司的消息是好的时，实施"危险的"策略是最优的。如果风险可控，经营盈利以及环境适当，应做的正确的事是继续发展公司。相反，如果消息是坏的，公司应该重组，以及专注于恢复其核心业务的盈利能力。

因为信息和行动都不可立约，公司治理则十分重要。换而言之，保险公司的剩余控制权需要以做出最优决策的方式进行分配。这是可能做到的，因为保单持有人和股东具有不同的想法。我们曾提到，由于有限责任，股东容易采取危险的行动。他们充分受益于正面因素，同时将负面影响限定于所持股份。相反，当前保单持有人不太关心公司利润。他们主要担心当危险行动变得糟糕时，其索赔不能得到解决，因此他们客观上对安全的选择感兴趣。这是在出现好消息时最好将剩余控制权留给股东的原因。由于各自的偏向，他们实际上在不同情况下实施最优决策。这种控制权分配的触发事件只能作为信号（即会计信息）的可立约部分。因此，如果治理规则确保当出现坏消息时，即企业变得偿付能力不足时，给予"强硬的"债权持有人（就保险公司而言是保单持有人）控制权，或者相反时，由股东自由决定和实施策略，企业的价值则事先得以最大化。

正如已提到的，保单持有人群体在实践中不可能实施控制权。这是审慎监管当局需要发挥作用的原因，它将在保险公司的治理结构中作为未决保险赔款当前持有人的代理人。

我们认为这个由德沃特里庞和泰勒尔提出的"代理人假设"是保险行业中审慎监管存在的必要理由。理论上，审慎监管机构应表现得像保险公司的"银行经理"，在坏时期时发挥一个强硬的债权持有人的作用，检查和平衡股东的权利，从而再现非金融企业的治理体系。为了强调审慎监管作为最优公司治理机制的作用，可以有趣地看到，在一方面审慎比率和另一方面表示比如大银行和小工业企业之间关系的贷款合同之间，存在惊人的相似性。为了保护其利益，商业银行在贷款合同中包含了一些条款，如最大资产负债比率、最小流动性比率，以及未满足这些比率要求时的抵押品扣押。这听起来大体上类似于本书第3章所定义的审慎监管。

借鉴第4章和第5章的理论发展，我们现在准备列出政策建议，这些建议与将审慎监管作为治理的替代的观点相一致。

6 如何构建保险公司的监管

我们曾指出,审慎当局应该表现得像保险公司的"银行经理"。正如银行审查和监督其债务人一样,审慎当局应审查和监督保险企业。只要简单且易核实的财务比率满足要求,审慎当局就不会干预企业的日常经营。但一旦公司不再符合某些审慎规定,它应该致力于做出果断的决定,当这种情况发生时,监管机构的唯一目标必须是恢复当前保单持有人的未决赔款,即使这会影响未来的商业机会或对员工和股东不利。从这个简单的原则我们可以得出构建保险公司审慎监管的六项政策建议。

6.1 简单的审慎比率

审慎比率应简单地定义并源自公共账户,因为公共账户容易得到核实。

6 / 如何构建保险公司的监管

我们曾提到,考虑到当前金融经济学和精算科学的技术发展水平,对于任何"一刀切"比率,甚至高技术的比率,可能预测保险的失败的假设都是不切实际的。一种替代的解决方法是依赖于保险公司所开发的内部模型。由于这些模型使用更独特的信息进行了校准,它们可能更可靠。巴塞尔委员会在所谓的银行监管巴塞尔协议Ⅱ改革中采取了这种方法。然而,我们认为,这种方法有一个重要的缺陷。这类模型是只有数量有限的"火箭科学家"才能打开和理解的黑匣子。这使它们难以得到核实。由于我们将审慎比率视做控制权分配的法律驱动器,而不是"正确"资本额的"科学"决定因子,所以我们认为可核实性至关重要。它对于确保审慎当局在必要时及时进行干预非常重要。如果监管当局失于干预,它还是使监管当局事后受到惩罚的唯一方法。讨论审慎比率定义的细节超出了本书的范围,但我们应考虑的是在过于简单的欧洲偿付能力边际和不必要的复杂的美国基于风险的资本要求之间寻求妥协。当然,我们记得使用不能完全反映风险市场评估的审慎比率是有成本的。它们可能意味着监管套利,换而言之,扭曲和低效的承保和/或资产管理选择。我们下面所建议的"双重触发因子"监管应在很大程度上能够减轻这种不利影响。

最后,我们应该注意到商业银行确实通常在其贷款合同中写下十分简单的比率。它们本来可以很容易地建立高技术公式。毫无疑问,银行内部也有相应的专家。但是他们使用简单触发因子的原因可能与我们所提出的原因一样;银行需要可以容易且迅速得以核实的合同，因为当银行客户遭遇财务困境时快速行动是第一要务。

6.2 "双重触发因子"

> 本着美国所建立起来的循序渐进方法的精神，我们建议采用具有两级资本要求水平的"双重触发因子"规定。在这个体系中，可能发生三种情况。如果保险公司满足了第一级（和最高级）资本要求，那么监管干预的范围必须限定以确保公司报告是正确的且基于真实的信息。如果未达到第一阈值，审慎当局必须开展进一步的调查并与企业制定恢复其审慎情况的计划。最后，如果情况进一步恶化或如果这些调查发现了其他损失，以致没达到第二（较低的）阈值，那么审慎当局必须将此案件转移给由行业运营的保障基金解决，保障基金的作用将在下面详述。在这种情况下，监管机构和保障基金将联合接管控制权。

第一阈值的作用是保护股东和高级管理层免遭监管机构的过度干预。这与我们的观点，即对运转良好且资本充足的企业进行监管干预会适得其反是一致的。在这种情况下，股东是最好的决策者，监管干预的威胁将减少管理内在的创新和经营效率动力。因此，监管机构应该只在此阈值之上开展以核实为目的的干预，既不被赋予任何控制权，也无权制定具体的管理建议。我们应注意到，在此核实阈值之上的监管范围是有限的，但无论如何这绝对是至关重要的。请记住,财务困难的保险公司最终可能造成惊人的偿付能力不足的原因之一是,不足额提取准备金十分容易且具有诱惑性。不足额提取准备金很难被审计公司发现,因为审计公司对什么是适当的准备金没有清晰的定义。因此,我们认为,监管机构在第一阈值之上的首要任务是评估企业的准备金政策,以及通过认真查看流量三角形①发现这些政策中的变化。

当未达到第一阈值时,审慎当局将被赋予权利以及职责,即它必须开展详细的调查,并基于调查结果使公司所制定的恢复其偿付能力的计划生效。这一规定旨在给监管机构提供一种强烈的内在动力,从而开展有效且迅速的干预,因为它为后期的惩罚措施提供了明确的基础。

当未达到第二阈值时,除了股东和审慎当局,我们引进被授予控制权的第三方机构,即由行业代表所运营的保障基金。此建议的提出动机将在 6.4 小节中解释。

总之,这种渐进的方法将减少监管资本要求内生的低效率。如果一家企业虽不符合第一阈值,但已经明确识别出不符合的原因并且情况可控,它应快速向审慎机构提交一份令人满

---

① 流量三角形是根据所签署合同的年份,将过去每个财务年度的支付进行分类的表格。例如,一个流量三角形中在行 1990 和列 8 上的条目指公司在 1998 年所支付的赔款源自 1990 年所签署的合同。通过将这些数据与公司过去的准备金做比较,可能发现公司在一份赔款的不同进展阶段提取准备金不足或过多的趋势,并因此评估当前准备金。

意的恢复计划证据,证明其能恢复其状况并且发展策略不会产生任何巨大变化。在第一阈值和第二阈值之间建立"灰色区域"是一项实用的建议。在这个区域中,股东和审慎当局分享控制权。这个建议是为了说明分析保险公司的经营状况是件非常困难的工作,训练有素的专家也可能犯错误。这个区域发挥着缓冲器的作用,使股东和监管者有额外的时间来纠正此类错误。图6.1总结了双重触发因子结构。

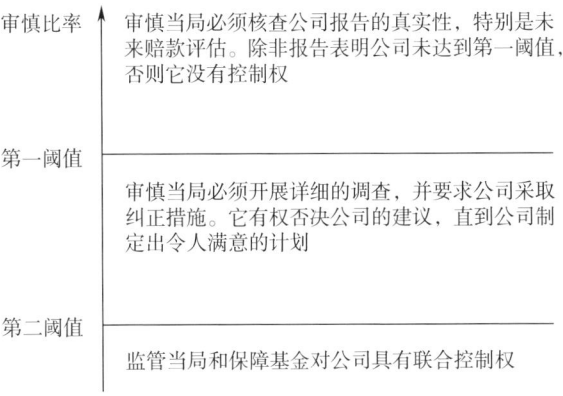

图6.1 双重触发因子审慎系统

6.3 一个独立但负责任的审慎当局

> 审慎当局应该被给予清晰的工作事项表(即实施上述所建议的"双重触发因子"),以及免受政治压力的影响。然而,它应定期受到议会的稽核,以在事后检查是否采取了其工作事项表上所述的强制措施。

在我们提倡的体系中,审慎当局的作用包括以下三个方面:核实所有保险机构的账目;更密切关注偿付能力边际低于第一阈值的公司;清算偿付能力边际低于第二阈值的公司。但从事后角度看,清算决策很少是最优的,特别是如果考虑股东、经理和员工的利益。这些人可能游说政府用纳税人的钱来救助陷入困境的公司。这说明了为什么使审慎当局免受任何形式的政治压力是十分重要的。然而,如果没有责任制,独立性就不会起作用。这是需要建立审慎当局的事后控制以定期评估其业绩的原因。

我们建议由议会开展这种评估,例如在监管者的任期期中或期末。该评估应在包含易于核实的阈值和监管者所采取的强制措施的"双重触发因子"体系中比较容易开展。

6.4 通过保障基金将控制权赋予行业

> 保险行业应设立保障基金,以保护保单持有人免受其保险公司违约。该基金应从保险公司筹集保费和资本;它必须由行业拥有并运营。而且,如前所述,如果保险公司未达到第二级资本要求,基金应拥有该公司的控制权。

多数国家设立了保障基金,当保险公司违约时,保障基金用于补偿保单持有人。这种基金在人寿保险中广泛存在。在财产/意外保险中,其范围有时限定于强制保险,如机动车责任保险。设立此类基金的基本原理在于,如果基金设计得当,共

保险危机来临时：对审慎监管作用和设计的经济分析

保违约风险所带来的好处，将克服因保单持有人失去监督保险公司的内在动力而产生的道德风险。但出于完全不同的原因，这种基金也是值得要的。它们是非常好的可以发挥保险公司正在缺失的"强硬债权人"作用的候选人，我们认为这种缺失"强硬债权人"的情况是在正当干预保险市场时的市场失灵。通过构建，该基金的利益与当前保单持有人的利益完全一致：公司失败的后果从后者转移给了前者。我们提倡保障基金应是私营公司，从私人投资者筹集股本和从保险公司筹集以风险为基础的保费收入。而且，它应与审慎当局一起被赋予对未满足"第二触发因子"（即最低审慎比率要求）的保险公司的控制权。如果该基金有充足的资本，则其管理和股东应具有完全的做事强硬以及及时清算公司的动力，从而使未决保险赔款的恢复价值最大化。这相当于使其生产成本最小化！而且，它的主管作为行业代表，可能打算从清算中获得额外的好处：清除竞争对手以及限制大型失败对其造成的负面外部影响（如整个保险行业的信誉损失）。总之，这种私营基金具有保险公司治理结构中所缺失的"保险机构的银行经理"的全部特征。即使在第二阈值触发后，我们仍发现给审慎当局留下联合控制权有用的原因是，由于不同的当地市场结构，有可能存在相互勾结的问题。不同企业的高级管理层和董事也许认为为了过安宁的日子，宽容对待彼此是值得的。审慎当局的作用是避免发生这种机会主义行为。

6.5 单一会计准则

> 提交审慎当局的报告和公开披露应基于相同的会计准则。这并非否定监管报告可以包含更详细的信息,而是指主要评估规则必须相同,例如,在两种情况下的历史成本或市值。

我们在全书中一直强调,由于保单持有人和股东的索赔性质不同,他们对于公司策略有着天然的分歧,前者比后者更保守。为了解决这种偏差,一些国家,包括美国,对监管报告和公开报告采用不同的会计规定。监管规定当然更保守。我们并不认为这是好方法。这种方法所导致的结果是保险公司的高级管理层不得不说两种语言,与股东说 GAAP 语言(通用会计原则——用于公共账目的准则),以及与监管机构说 SAP 语言(法定会计原则——用于监管报告的准则)。但如果将审慎监管机构视为保单持有人的代表,这样利益相关者之一全面卷入了保险公司的公司治理,这大大增加了混乱。特别在两个偿付能力阈值间的"灰色区域",股东和保单持有人需要根据管理层所提供的分析寻求妥协。让每个人都说同一种语言,似乎更为可取。

在实践中,我们认为监管机构应满足于公共会计准则,而非要求编制另一种基于更保守的监管标准的报告。我们发现,保险会计准则由审慎监管机构决定是非常不可取的。这会阻碍在一个自由的审计服务市场上所自然产生的创新，从而导致切实的会计准则僵化风险。

6.6　限制审慎监管的范围

> 审慎当局监管整个保险生产线，不仅包括保险机构，还包括下游的经纪人和上游的再保险公司，是不可取的。审慎监管的范围应限定于原保险公司和保险集团。

例如，正如第 2 章独立保险公司的资产负债表所阐明的，保险公司资产的大部分是对保险中介机构（如经纪人）和再保险公司的索赔权。这是因为保险公司处于保险"生产线"的中间，在下游负责获取客户的保险中介机构和上游承担风险的最极端部分的再保险公司之间。一些国家已得出结论，保险公司的偿付能力由这些索赔权的质量所决定，并因此决定将监管扩展至再保险公司和经纪人。我们不认为这是好的方法。关于再保险监管，针对它是否可取的问题是不切题的：再保险公司的有效监管在实践中是不可行的。再保险市场是全球市场。对专业再保险公司的合理监管只能通过一个全球综合机构开展——它超出了分散的国家实体的范围。监管经纪人的工作不同于保险监管。经纪人是纯粹的保险中介，因此他们不会面对任何严重的资产负债不匹配风险。经纪人监管的重点是防止骗子卷走保费！这并非高技术工作，但它十分耗费时间，并且如果认真执行，将造成监管成本以指数量级增长。

解决再保险公司和经纪人违约风险的更有效和经济的方法是促使保险公司具有足够的内在动力自己积极管理该风险。创造这样的内在动力可以通过下面的途径，即在计算公司审慎比率时，针对是否将对再保险公司和经纪人的索赔权认可为合格资产，施加足够严格的条件。例如，合格性可以取决于索赔权发行人的信用评级。另一种我们认为更安全的方法，是只认可由再保险公司和经纪人抵押的索赔权部分，在计算公司审慎比率时，抵押物可被视为部分资产。有了这个条件，如果股东和高级管理层不愿意放弃控制权，则要完全将监督再保险公司和经纪人的偿付能力变为内在的需要。由于保险公司与再保险公司和经纪人有持续的业务关系，它们很可能比监管机构更好地了解情况，并因此更有效地执行监督这项任务。

6.7 如果这还不够怎么办？

公平而言，这些建议中的一些，至少部分地，已经在几个审慎体系中付诸实施。我们认为这些基本规则是现实中实施我们的审慎监管方法所需要的最小建议包，以使审慎监管可以像健全公司治理一样发挥作用。

正如本书开始所述，只有当监管成本小于从减少市场失败中获得的好处时，监管才是可取的。虽然我们认为我们所提出的监管设计是对现有监管的改进，但我们同意这种监管体系是否根本好于无监管最终是一个经验问题。为了确保我们所提出的理论设计好于在实践中放任自由，审慎监管应建立在自愿的基础上［见莫瑞森（Morrison）（2004）关于自愿保险监管的另一种动机］。保险公司应该可以不接受审慎监管而自由经营，当然，只要他们很清晰地向公众表明他们是这样做的。那么，如果监管在扣除监管成本后可以使保险的社会价值最大化，决定接受监管的企业应该更具有竞争力，并且更被保单持有人喜欢。反之，已受监管的企业则会被不受监管的企业踢出局。

在接下来的两章中，我们越过对这些一般规则的阐述，进一步探讨其与保险公司环境的契合。首先，我们讨论再保险公司发挥着补充保险监管的作用。其次，讨论这些规则与综合金融集团监管，以及与系统风险监督管理的相互影响。

7 再保险的作用

在第 4 章和第 5 章说明资本结构作用时,我们曾强调公司设计不同的证券,如债券和股本,以最优方式将风险分散给不同的债权人。或者,他们也可以通过对冲,使债权持有人规避一些风险。换而言之,他们通过从能够更好地承担某些风险的第三方购买保险,可以使其向债权人所承诺的现金流避免这些风险。

保险公司,像其他企业一样,也有能力购买保险,从而抵御其核心业务所产生的风险。在保险业,这种运作被称为再保险。保护出售人的是再保险公司。原保险公司和再保险公司之间的保险合同被称为再保险合约。在简要介绍再保险市场的构成之后,我们探讨审慎监管者应系统地、仔细地处理再保险经营所产生的大量的有用信息。

7.1 再保险市场的构成

再保险是非寿险业务一个重要的特征。在 2004 年，直接保险公司在全球分出了价值 1678 亿美元的业务。这相当于平均分出率为 6% ［三十集团公司（Group of Thirty）2006］[①]。分出率是下面两者的比率

$$\frac{分出保费}{总保费}$$

其中，分出保费是保险公司向再保险公司支付的保费，以得到它们的保护。总保费是保险公司在原保险市场上所赚取的全部保费。因此，分出率是对保险公司转让给再保险市场的风险部分的衡量。

再保险在一定程度上让人联想到贷款机构的证券化。两种机制都允许金融机构在二级市场上重新出售它们所引起的风险。然而，再保险市场具有一个非常特别的结构：它有一个"金字塔"组织。一般再保险合约涉及两类专业机构：一类是直接或原保险公司，另一类是专业再保险公司。原保险公司将其在原保险市场上承保的部分风险分出给专业再保险公司，后者的目的是接收这些二手风险，但不从事任何直接业务。这并非否定直接保险机构之间也存在风险转让，但大部分再保险交

---

① 关于再保险的全球数据有些匮乏，部分原因是交易的场外性质，部分原因是难以将实际的风险转移从内部再保险（主要目的是集团内部的税收和监管套利）中分离出来。这些数据是由瑞士再保险公司经济研究和咨询部提供给三十集团公司的。瑞士再保险公司经济研究和咨询部被认为是行业中最可靠的数据来源之一。

7 / 再保险的作用

易遵循这一模式:根据瑞士再保险公司(1998)的估计,专业再保险公司在再保险业务中占主导地位。专业再保险公司提供了80%多的全球再保险承保能力,前四大公司提供了约30%。

有趣的是,尽管没有任何监管约束,但多数再保险合约都有一个标准设计。合约分为两类:比例和非比例再保险。

所谓比例再保险合约(成数合约或溢额合约)是按照以下原则:

$$\frac{\text{分出保费}}{\text{总保费}} = \frac{\text{分出索赔}}{\text{总索赔}}$$

因此,分出公司和再保险公司的损失率相同,但是由于他们的经营费用不同,当然综合成本率[①]不同。更确切地说,在这种合约中,再保险公司通常向分出保险公司支付再保险佣金。这是为了补偿保险公司,因为虽然保险公司分出部分保费使再保险公司承担了一些成本,但保险公司仍承担着与整个保险组合相关的所有管理和获取成本。我们现在介绍一些符号:

· g 表示原保险公司每美元保费收入的费用比率;

· c 表示再保险佣金率(每美元分出保费的佣金);

· a 表示分出率(分出保费与总保费之比);

· r_{net} 和 r_{gross} 表示保险公司分别在再保险之后和之前每美元保费所赚取的回报;

· S 和 P 表示总损失和总保费。

---

① 综合成本率表示赔付成本加上管理成本减去金融产品与保费之比。

我们得到

$$r_{net} = (1-a) \times \left(1 - \frac{S+gP}{P}\right) + a(c-g)$$
$$= (1-a) \times r_{gross} + a(c-g)$$

因此，当且仅当佣金率小于费用率（$c < g$）时，扣除再保险之后的综合成本率 r_{net}，比总综合成本率 r_{gross} 小。

非比例合约（超额损失、总损失、损失中止）与包含免赔额和有限范围的保险合同非常相似。该合约仔细地定义了其所覆盖的潜在损失。它可以适用于在既定的组合中每份单独保单所产生的每次损失，或适用于在既定时期和/或由于既定事件，既定的组合所产生的总损失额。例如，机动车保险中的 $A \times S\ B$ 超额损失合约意味着，对于一份汽车保单每次所产生的赔付，再保险公司将在免赔额 B 美元之上最高支付 A 美元。用金融术语说，$A \times S\ B$ 非比例再保险层的结算相当于以潜在损失为标的的行权价为 B 的买方期权多头和行权价为 $B+A$ 的买方期权空头的结算。通常，非比例再保险分成几份（在 2 到 10 之间）超额损失合约，将总保护分解为优先权渐增的多个层。

除了这些传统的合约，所谓的"财务再保险"合约在过去的十五年间增长显著，并且成了一些公司丑闻的核心。这些合约缺乏标准，因此描述其不同的形式将花费我们太长的时间，但其背后的主要动机可以概括如下。一般而言，再保险公司向分出公司提供贷款，贷款面值等于一组既定的未决赔款的估值。因此，分出公司对冲了流动性风险。只要该项贷款有足够长的期限，分出公司就不必再担心赔付结清日期的不确定性。然而，它仍承担着流量变化的风险，即最终赔付额将小于或大于其最初估计的风险。财务再保险是流动性保险的一种形式。它旨在将时间风险全部转移给再保险公司，将流量风险留给分出公司。近来，一些这类结构变得争议很大——大致来说，因为一些分出公司试图利用这种交易的复杂性，以规避将贷款偿还记为负债。

再保险和资本可以相互替代。更确切地说，保险公司能够决定将保单持有人或其代理人不愿承担的风险，或者以资本的形式出售给融资人，或者通过再保险合约出售给专业再保险公司。这是由加文（Garven）和拉姆·特安特（Lamm-Tennant）（2003）提出的，他们发现再保险需求随着财务杠杆的增加而增加。换而言之，高杠杆企业只有小资本缓冲区来抵御其保险损失的波动，因此他们通过购买再保险来减少这种波动。企业倾向于采用综合风险管理方法，这样他们可以协调使用资本和再保险。与此一致的是，在大多数审慎监管体系中（如美国以风险为基础的资本要求或欧洲偿付能力边际体系），再保险购买可以明确地降低最低资本要求。支持此观点的另一个事实证据是所谓的抵押合同在事先被包含进以没有损失为条件的偿还融资中，这种抵押合同在 14 世纪的意大利曾是普遍的再保险形式。风险管理和经营的融资方面还没有分开。

现在，保险公司根据什么做出为一些风险，特别是最不稳定的风险，寻求再保险，而为另一些风险寻求资本市场的决定？换而言之，再保险公司具有什么特殊能力使其成为一些风险的最有竞争力的承担者？最广泛的回答是再保险公司比原保险公司更多元化。它们不依赖于特定的营销网络，并且在全球承保多种业务线。这使它们比拥有风险敞口更集中的直接保险公司的风险厌恶要小。毫无疑问，这个众所周知的再保险原理与一些风险是相关的，比如自然灾害。然而，由梅尔（Mayer）和史密斯（Smith）（1990）所提出的一项实证研究表明，不完全的多元化似乎并不是再保险需求的主要决定因素。以美国保险公司为例，它们发现多元化程度越低的保险公司，或是地域上的或是产品线上的，需要越少的再保险。当然这并不支持将再保险当做多元化工具的观点。

我们所发现的与实证证据更一致的再保险理由如下。再保险公司拥有高水平的风险管理专业技术。再保险公司的研究部门远大于保险公司的。特别是，再保险公司是应对极端风险发生的专业公司。大型巨灾损失对它们而言是寻常业务，而对原保险公司和其融资人而言，按照定义是罕见、不寻常的事件。通过与再保险公司签订合同，原保险公司可以受益于这种专长。再保险公司向分出公司提供真正的风险管理服务。梅尔（Mayer）和史密斯（Smith）（1990）关于多元化程度越低的保险公司对再保险的需求越少的发现与此是一致的：高度集中的保险公司更有可能发展其自身业务所需要的专业技术。

而且，由于这项专长，再保险公司得以监督原保险公司所开展的风险管理和损失减少。因为关系着再保险合约的盈利性，再保险公司确实有很强的动力去监督。杜赫提（Doherty）和斯迈特斯（Smetters）（2005）的研究结果表明，再保险公司或者通过监督分出公司，或者通过设计有效的动态合同（经验费率），参与到保险公司的损失减少中。再保险公司对保险公司的监督是重要的，因为它向外部人"证明"了保险公司的管理。它减少了保险公司和外部股东之间的道德风险问题。由于对公司产品组合的质量发出了可靠信号的专业再保险公司的存在，所以外部股东对公司更有信心。通过再保险合约，结果与再保险公司利益相关，因此它们承诺监督未来损失减少是可靠的。这好像评级机构从被评级实体购买债券，从而向市场发出信号表明其评级是可靠的。

再保险作为知情的融资渠道的理论比多元化理论提供了更令人满意的预测。如果多元化是再保险的主要原理，那么保险公司应分出尽可能多的风险，并且寻求再保险远多于外部融资。然而，基于信息的理论表明，由于专业技术和监督努力都需要回报，所以再保险是昂贵的资金来源。因此，它建议原保险公司应该努力使分出额最小化。由于再保险公司有充分的风险暴露，原保险公司应将分出限制在有可靠评级的再保险公司中。这与经验分出率只有14%以及大保险公司不超过3%或4%相一致。

7.2 再保险和审慎监管

再保险的基于信息的理论对于保险监管有着重要的意义。

再保险公司是高度专业的保险公司经营的监督人。因为与盈利状况攸关，他们也是可靠的监督人。因此，再保险市场对待一家保险公司的方式将会告诉监管机构很多关于该公司的信息。

> 再保险公司作为原保险公司监督人的角色意味着审慎监管应包括收集关于保险公司所签订的再保险合约的结构和定价的详细信息。监管当局应该开发足够的专业技术，及时分析公司及市场层面的再保险价格和数量的变化趋势。

这与克劳米瑞斯（Calomiris）（1998）和伯利兹（Bliss）（2001）的关于用次级债利差提取有关银行资本充足的市场信息的建议异曲同工。从再保险市场所发出的信号中提取信息比只观察股票价格具有两个优势。

（1）像审慎监管机构，再保险公司主要担心损失过多和非常不利情况的发生。因此，再保险价格，特别在非比例再保险下，会发出"纯粹的"下行风险信号，而不会被上行风险的定价所搅乱。如前所述，这是用次级债利差评估银行资本充足状况的支持者所提出的主要论点。

（2）而且，再保险市场会发出关于分出公司保险组合的风险特征的信号。这个纯粹的信号十分有用，它将保险经营与其他风险源分解开来。因为如果一家保险公司的保险业务从根本上是盈利的，比如，高收益债券组合上遭受了损失，那么它所需要采取的纠正措施将截然不同于保险业务持续亏损的保险公司。

8 保险监管如何融入其他金融监管中？

本章讨论保险审慎监管如何融入其他金融监管中——银行和综合金融集团的监管和系统性风险管理。

8.1 保险和综合金融集团

审慎监管机构应该配备应对综合金融集团的专门工具。谈到综合集团，我们指一群经营不同业务线的企业，不同性或体现在地域上或在经营上（例如，寿险和非寿险，或保险和银行）。这些企业彼此之间有财务上的联系，并且受同一高级管理层和/或股东控制。在20世纪90年代，由于全球集团的发展和在金融服务行业中跨行业的并购潮流，这类综合集团的数量不断增长。这些并购后面的驱动，是假定通过向已获取的客户提供一整套金融服务从而尽可能集中地利用一个分销网络是一种好做法。在美国，1999年《格雷姆—里奇—比利雷法案》(Gramm - Leach - Bliley Act)废除了禁止综合金融的1933年《格拉斯—斯蒂格尔法案》(Glass - Steagall Act)，这推动了综合金融发展的潮流。

如在GAN和Euorpavie案例中所阐述的，从审慎角度看，综合集团特别难监管。主要有三个原因。第一，其账户的不透明使监管很困难。在它们受到来自不同国家和/或负责不同行业的几家机构监管的情况下，尤其如此。协调这些机构，以使至少其中一家获得全部相关信息并用相关专业知识进行分析也许是不可能的或者至少成本巨大。请注意，有趣的是，在英国、日本、澳大利亚和德国，将几家金融监管机构合二为一的主要理由之一正是这些国家的综合金融集团的兴起。第二个相关的原因是，陷入财务困境的综合集团能够将资产秘密且迅速地从一个实体转移到另一个实体，以致使资产落入股东的口袋而不是支持保险负债。第三个原因是多重杠杆，即每家子公司的资本实际上通过内部资本结构暴露于其他实体的风险下。当然，这种风险和资本的集中也有好的一面，即多元化。这是综合集团存在的一个很好的理由。让我们用下面简单的模型更详细地分析这两个矛盾的效应——双重杠杆和多元化之间的相互作用。首先，我们将一家单一保险公司（我们称其为企业1）作为基准，它的资产负债表如下：

资产 A_1	准备金 R_1
	股本 E_1

我们用 $1+\tilde{x}_1$ 表示（随机的）损失率，即赔款与准备金之比。为了简化，将无风险利率标准化为零，股本回报率 $\tilde{\rho}_1$ 是

$$\tilde{\rho}_1 = \frac{A_1 - R_1(1+\tilde{x}_1)}{E_1} - 1$$

或者

$$\tilde{\rho}_1 = -\frac{R_1}{E_1}\tilde{x}_1$$

杠杆因子，即财务盈利性（股本回报）与经营盈利性 $\tilde{x}_1$ 之比，是偿付能力边际 E_1/R_1 的倒数。对于该边际的合理价值（低于10%），保险公司的杠杆因子一般大于10。现在，为了建立一个保险集团的简单模型，假设企业1拥有另一家保险公司的股份，我们将其称为企业2。为了比较，我们保持企业1的总资产不变。两家企业的资产负债表如下：

企业1	
在企业2中的投资 E_2	准备金 R_1
其他资产 $A_1 - E_2$	股本 E_1
企业2	
	准备金 R_2
资产 A_2	股本 E_2

整个保险集团的资产负债表如下：

	准备金 $R_1 + R_2$
资产 $A_1 + A_2 - E_2$	股本 E_1

用 $1+\tilde{x}_1$ 和 $1+\tilde{x}_2$ 分别表示两家企业的损失与准备金之比。

企业 2 的股本回报率为

$$\tilde{\rho}_2 = \frac{A_2 - R_2(1+\tilde{x}_2)}{E_2} = \frac{R_2}{E_2}\tilde{x}_2$$

企业 1 的股本回报率为

$$\tilde{\rho}_1 = \frac{A_1 + E_2\tilde{\rho}_2 - R_1(1+\tilde{x}_1)}{E_1} - 1$$

将 $\tilde{\rho}_2$ 的值代入 $\tilde{\rho}_1$ 并简化，我们得到

$$\tilde{\rho}_1 = -\frac{R_1}{E_1}\tilde{x}_1 - \frac{R_2}{E_1}\tilde{x}_2$$

也可以表示为

$$\tilde{\rho}_1 = -\underbrace{\frac{R_1}{E_1}}_{\text{杠杆因素}}\tilde{x}_1 - \alpha\underbrace{\left(\frac{R_1}{E_1}\right)\left(\frac{R_2}{E_2}\right)}_{\text{双重杠杆}}\tilde{x}_2$$

其中，$\alpha = E_2/R_1$ 表示企业 1 的保单持有人所面临的企业 2 的风险。

现在，企业 1 的破产概率会随着收购企业 2 增加还是降低？对于该问题的答案是复杂的。假设两家企业需要遵守资本要求 m 并且正好满足 m，

$$\frac{E_1}{R_1} = \frac{E_2}{R_2} = m$$

以及 $\tilde{x}_1$ 和 $\tilde{x}_2$ 有一个均值为 $\begin{pmatrix}0\\0\end{pmatrix}$ 的联合分布，其协方差矩阵为

$$\begin{pmatrix} \sigma_x^2 & v \\ v & \sigma_x^2 \end{pmatrix}$$

那么 $\tilde{\rho}_1$ 也是均值为 σ^2 的正态分布，其方差为

$$\sigma^2 = \frac{\sigma_x^2}{m^2}(1 + 2\frac{\alpha}{m}v + \frac{\alpha^2}{m_2})$$

在收购企业 2 之前，企业 1 股本回报率（ROE）的方差是 σ_x^2/m^2。在收购企业 2 之后，企业 1 ROE 的方差（以及因此其破产概率）变为 σ^2。上述公式表明 $\sigma^2 > \sigma_x^2/m^2$，当且仅当

$$v > -\alpha/2m$$

当两家公司的风险正相关（未多元化）时，即当 $v \geq 0$ 时，或当收购规模相对于企业 1 的资本而言属大型收购（即当 α/m 足够大时），企业 1 的破产风险增加。这是因为双重杠杆。然而，请注意，上面不等式表明，当多元化是重要的（v 趋于 -1）以及 α/m 小（小型收购）时，企业 1 的破产概率在收购后可能下降。

在简要概述关于综合金融集团的监管建议前，我们用这个简单的模型评估"偿付能力Ⅱ"所倡导的"单个+"规则。"偿付能力Ⅱ"是欧盟委员会发起的关于保险监管的新指令。欧盟委员会承认综合集团存在一些特殊性。"单个+"规则是指每个保险子公司都必须满足资本要求，并且整个集团也必须基于合并报表满足资本要求[1]。这是关于双重杠杆的一个直接

---

[1] 当集团从事银行和保险业务时，总资本要求将以混合公式的形式来计算。

但十分保守的计算方法。在我们的简单例子中,"单个 +"规则意味着引入了额外的偿付能力要求:

$$E_1 \geqslant (R_1 + R_2)m$$

回想一下,企业 1 的股本回报率可以写做

$$\tilde{\rho}_1 = \frac{R_1\tilde{x}_1 + R_2\tilde{x}_2}{E_1}$$

因此,"单个 +"规则实际上是非常保守的。它的确确保了即使企业 1 和企业 2 的经营完全正相关,例如,如果 $\tilde{x}_1 = \tilde{x}_2 = \tilde{x}$,那么集团的破产概率不会大于单个公司的破产概率。实际上,破产会发生,只有当

$$\tilde{x} \leqslant -\frac{E_1}{R_1 + R_2} = -m$$

更现实地说,如果相关性小于 1,则"单个 +"规则降低破产概率。因此,相比单个公司,集团将受到不公平对待。为了避免"不公平"的游戏平台,资本要求公式需要修改。修改后的公式是下面类似于美国 RBC 的公式:

$$E_1 \geqslant m\sqrt{R_1^2 + R_2^2 + 2\rho R_1 R_2}$$

毫无疑问,可以合理地假设集团内部的风险不是完全独立的。当问题在集团中一个部分发生时,由于扭曲了管理层和股东的内在动力,它有可能在集团内部扩散。而且,集团的不透明性可能使监管机构有理由更保守,并施加更严格的偿付能力要求。较高的资本要求给监管者提供了更多的时间,可以及早研究清楚究竟发生了什么。然而,"单个 +"似乎过于保守。

它没有考虑集团多元化可能带来的任何好处。较宽松的基于估计 ρ 的规则在理论上似乎可取，但在实践中难以应用。估计 ρ 太困难，因为 ρ 取决于集团构建的详细情况，特别是其业务的整合程度。

我们的"双重触发因子"结构可以适用于集团，这样既解释了较高不透明性和双重杠杆的风险，又解释了多元化的好处。共识是第一个触发因子应该比较严格，第二个应该比较宽松。请记住，第一阈值的作用是触发监管机构的强制调查。如果集团内其中单独一家保险公司未满足第一阈值，或者如果整个集团不满足基于并表的统一比率，这种调查则应该被触发。适用于并表的统一资本要求应该比"单个的"要求更高。这是因为集团是不透明的，所以评估其真实的经济状况需要投入更多的关注。同时也是因为，作为集团的一部分，一家企业面临着其资产被用于救助集团内另一家实体的风险，或者它可能参与由发生在集团其他地方的问题所引发的"为复兴下赌注"策略。然而，启动清算程序，即赋予监管机构和保障基金全部控制权的第二阈值，对于集团内部的企业应比对单一企业要低。这是由于以下几个原因。一个是更好的流动性：集团内的企业比单一企业不易受到流动性冲击。另一个是公司治理。如果监督适当，为了保存其经营良好的部分，集团实际上有强烈的动力进行有序重组而不冒过多风险。而且，集团的残值通常大于各实体清算价值的总和。事实上，集团可能被一部分一部分地出售，仍经营良好的实体拥有一些商誉，因此可以作为持续经营的企业出售。图 8.1 表示应用于综合集团监管的双重触发因子监管。

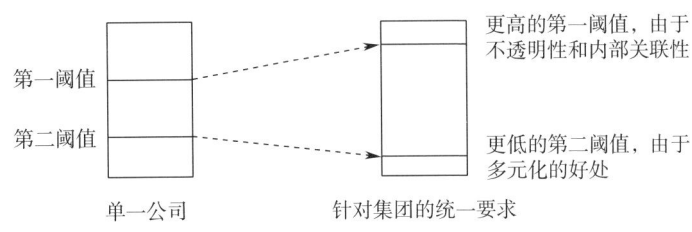

图 8.1 应用于综合集团监管的双重触发因子监管

8.2 银行监管和保险监管

银行和保险公司的财务困境情景存在两个主要不同之处：流动性问题和系统性风险。

与发生于保险公司的情况相反，银行的财务困境几乎立刻转化为流动性问题：确实，银行的大部分负债由活期存款构成，一旦存款人预感到某些问题，则很可能大规模提取存款(这是"银行挤兑"的历史形式)。当对手方感受到财务困境的最轻微信号而拒绝续延隔夜贷款时，同样的情况也会发生(这是"银行挤兑"的现代形式)。由此引出了由中央银行所提供的"紧急流动性援助"(这是"最后贷款人"制度，在第一次巴林银行危机期间，由英格兰银行在 1890 年首先实施，后来被大多数中央银行采用)，以及更近期的存款保险制度。尽管有这些复杂的审慎监管制度，许多国家(特别是但不完全是新兴国家）近年来仍经历了严重的银行危机。关于这些危机的好的解释可详见林蒂瑞（Lindgren）等（1996）。一些经济学家［例如，德华詹奇（Detragiache）和德明古—昆特（Demirgüç - Kunt）（1997）］曾提出财务安全网制度（特别是存款保险基金）实际上应为这些危机负责，因为它们使银行家的行为发生了道德风险。困难在于这些制度经常处于政府的控制下，有时会被滥用，其政治原因：为了救助本应关闭的破产银行。

关于银行的第二个不同特点（与保险公司相反）是它们容易成群出问题，或是因为其资产对于宏观经济冲击具有高度敏感性，而宏观经济问题会同时冲击一个国家内的所有银行（经济衰退、证券交易或房地产崩溃等），或是因为个别银行失败传递到其他银行。这个特点被称为系统性风险。政府经常将其用做救助破产银行的理由（例如，美国1984年的大陆伊利诺斯银行）。

虽然学术界仍对此问题有争议［延伸信息详见巴塔沙亚（Bhattacharya）等（2004），弗瑞克萨斯（Freixas）和罗彻特（Rochet）（1995），以及圣陶斯（Santos）（2000）］，但基于此类银行业中政府救助背后的原理，大共识似乎已经达成。现在，银行监管实质上有以下两个目的已经被广泛接受。

（1）通过限制单个银行失败的次数和成本保护小的存款人。这通常被称为微观审慎政策。

（2）通过限制系统性银行危机发生的次数和成本保护整

个银行体系。这通常被称为宏观审慎政策。

经验证据表明，在保险领域中，流动性风险可忽略不计。由于保险公司资产负债表的不同到期结构，保险公司通常不会遭遇流动性问题，甚至当其陷入财务困境时。用更专业的金融语言讲，银行股本具有高度正的久期和高的凸性，而保险股本具有低的甚至负的久期和低的凸性。而且，似乎没有任何证据证明保险失败的传染性，我们将在下面章节做详细解释。我们所知道的更详细的经验分析是由保罗捷克（Polonchek）和米勒（Miller）（1999）开展的，他们研究保险公司公告发行新资本所产生的影响。这种公告通常对所涉及保险公司的股价造成负面影响（因为公司一般选择发债，只有不能发债的公司才会发行股份，因而发行股份被金融分析师认为是"坏消息"）。在银行领域中，这种公告还对其他银行的股价有负面影响，这可解释为传染证据：如果一家银行陷入财务困境，其他银行也可能受到影响，或是因为它们投资于相似的资产，或是因为它们财务上与第一家银行有关联。在保险公司的情况中，保罗捷克和米勒（1999）没有在财产保险中发现这类传染的证据。从统计上，他们不能否定寿险领域中存在传染效应的可能性，但发现此效应的经济规模非常小。

因此，在保险公司监管中，没有像对于银行那样强的政府干预的案例。假定政府面临时间一致性问题（因为他们很难事先承诺不救助破产机构），赋予保险监管机构独立性以免受政治压力影响显然比不这样做会改善上述情况。

总之，我们认为支持银行业中温和监管的观点（流动性风险和系统性风险）在保险业中的说服力要小得多。因此保险业监管应比银行业实际上更接近于德沃特里庞（Dewatripont）和泰勒尔（Tirole）（1994）的"代理人假设"所建议的强硬债权人。

8.3 保险和系统性风险

在本节，我们将讨论保险业中几个已得到有效识别的系统性风险的潜在来源。我们首先阐明系统性风险的含义。

什么是系统性风险？

系统性风险是同时并且显著影响一个大行业或地域里的大多数企业的不确定性来源。如前所述，这种风险是银行业的首要关注，因为银行的借款人可能同时或并行地受到宏观经济或财务冲击的影响。这些冲击的总和可能被金融体系的反应所放大。如果每家银行对其借款人偿付能力的小幅下降所做出的反应都是收紧信贷政策或抵押要求，以保持其审慎比率，那么总的结果是经济流动性的收缩。这可能使借款人的情况更加恶化，并由此增加其违约概率。在外部冲击和金融领域内部反应的作用下，最初的冲击可能被大幅放大，并最终造成银行业"恐慌"，流动性枯竭以及大多数银行变得资不抵债。换而言之，对于这种在企业层面似乎是合理的风险管理政策可能导致总风险增加的事实，单个银行不能使其内生化。

只是由于这种反应机制，系统性风险是金融机构一个重要关注点。历史上有关纯粹外生的冲击击垮金融体系的例子不多。① 能造成损害的系统性风险，像股票市场崩溃或银行恐慌，通常包含外部冲击和金融体系的内部反应，二者相互放大。企业层面的审慎监管通常会使这样的反应循环发展。例如，当股票价格下跌时，投资组合保险计划的机械卖出在美国股市1987年崩盘中发挥了重要作用，对此已达成广泛共识［布瑞迪（Brady），1988］。而且，趋向更基于风险的银行资本要求的巴塞尔协议Ⅱ改革曾掀起关于其潜在的不稳定后果的强烈讨论［丹尼尔森（Danielsson）等，2001］。因此，在内生风险存在的情况下，过度关注对企业层面风险管理的审慎监管，可能造成外部冲击放大，从而破坏整个保险行业的稳定性。这是系统性风险问题为何重要的原因。系统性风险在实践中只有当潜在内生反应存在时才显著。但这种内生风险在保险中重要吗？

保险有内生风险吗？

保险公司收取保费，以履行未来赔偿损失的承诺。因此，它们面临两类风险：

·损失的发生和规模是不确定的——这是技术风险；
·直到理赔前，保险投资回报率是不知道的——这是财务风险。

保险恐慌比较罕见的一个原因是技术风险不可能被保险行

---

① 当然，我们排除了如战争或重大政治危机这样的重大历史事件，这些事件击垮了整个社会制度。

业大幅放大。如丹尼尔森和施恩（Shin）（2003）所述，当金融机构相互博弈时，内生风险则存在：例如，当多个对冲基金在同一市场进行投机时。在这种情况中，他们的行动是基于对其他人行动的想法，这可能会导致自我实现预言。但涉及到技术风险，保险公司只与自然或法庭博弈。大规模全球多元化和再保险市场所进行的跨期平滑足以控制纯粹的外部冲击。

然而，财务风险是典型的内生风险。例如，如果利率下降，股本具有负久期的寿险公司则需要购买大量债券来匹配其快速增长的负债。如果整个保险市场提供过于慷慨的长期利率保证，这可能更进一步推动债券价格的上升。我们关于审慎监管的看法需要加以部分修正，以涵盖这个内生风险。例如，英国金融服务局在"9·11"事件发生后减轻了压力测试要求，以避免人寿保险公司甩卖股票，否则将进一步压低已处于动荡中的股票市场。

一般而言，假定保险公司是主要的机构投资者，在发生对利率或某类重要资产如股票或房地产的严重冲击后，降低资本要求以避免系统性风险似乎是可取的。更确切地，规则必须与市场情况充分挂钩，以使规则本身不影响市场。然而，在我们的利率下降的例子中，向保单持有人提供最不合理保证的企业在事后应受到惩罚，监管机构应该要求其将产品组合转给更适当的企业。换而言之，对我们审慎监管观点的一个补充是对特有风险和保险风险的监管应严格，但对系统性和市场范围的财务风险的监管应缓和。

9 结论：作为公司治理替代的审慎监管

因为保险公司的客户，即保单持有人，是其主要债权人，他们的利益应该以与其他企业主要债权人——典型地，像银行这样的高级金融机构的利益被保护同样的方式得到保护。与在高级金融机构中不同，保单持有人分散各处，他们一般是不知情的债权持有人，不一定具有监督其保险公司的能力。这是监督任务通常被授权给专门机构的原因：监管当局。在设计审慎监管体系时，主要的挑战是使这种授权尽可能的高效。换而言之，监管机构必须拥有适当的工具和作为保险机构的"银行"的内在动力。

这个观点听起来可能显而易见，但它对审慎当局的设计有着深刻的现实影响。一些从业者认为，监管机构作为公共当局，应该是一个协调机构，通过温和但持续、深入的干预，协调当前和未来保单持有人、

9 / 结论：作为公司治理替代的审慎监管

股东和员工的利益。在我们看来，有效的监管行动恰恰相反。审慎监管存在的唯一令人信服的理由是保单持有人的协调问题。只要保险公司做得很好，最优的方式就是让高级管理层和股东不受约束地经营。不存在外部当局应该干涉的理由——外部当局不可能比他们更熟悉企业，管理者的企业家精神正是包括保单持有人在内的所有债权人需要的。反之，如果企业变得资本金不足，审慎当局必须快速且强硬地进行干预，执着地且仅仅关注当前保单持有人的利益。其目的必须是使保单持有人赔付的恢复价值最大化，不管对管理层、员工和股东产生多少成本。这条关于监管干预的清晰规则，虽然在坏时期太严格和在好时期太宽松，但比较有效。它在事前确保保险公司在适当时候做出正确的决定。因此，它使保险的社会价值最大化。矛盾的是，在实践中很难设立一个可以圆满完成这种简单但集中的任务的公共当局。就其本质而言，这类机构往往行动起来更为顺利，并在采取行动前考虑其决定对整个社会和政治的影响。公共监管机构为了增加资源，可能旨在扩大其职责范围。我们试图就保险监管设计提出建议，来帮助克服这个问题。

参考文献

Aghion, P., and P. Bolton. 1992. An incomplete contracts approach to financial contracting. *Review of Economic Studies* 59: 473-94.

Arrow, K. 1963. Uncertainty and the welfare economics of medical care. *American Economic Review* 53: 941-73.

Bhattacharya, S., A. W. Boot, and A. Thakor (eds). 2004. *Credit, Intermediation and the Macroeconomy*. Oxford University Press.

Blake, D. 2001. An assessment of the adequacy and objectivity of the information provided by the board of the Equitable Life Assurance Society in connection with the compromise scheme proposal of 6 December 2001. Pensions Institute Report (available at www.pensions-institute.org/reports/equitablelife D-Breport. pdf).

Bliss, R. R. 2001. Market discipline and subordinated debt: a review of some salient issues. *Economic Perspectives*, Federal Reserve Bank of Chicago 1: 24-45.

Brady, N. 1988. *Report of the Presidential Task Force on Market Mechanisms*. Washington, DC: Government Printing Office.

Calomiris, C. W. 1998. Blueprints for a new global financial architecture. United States House of Representatives Report (available at www. house. gov/jec/imf/blueprnt. htm).

Cour des Comptes. 2000. L'intervention de l' E′tat dans la crise du secteur financier. Rapport au President de la Republique, Paris (November 2000; available at www. ccomptes. fr/cour－descomptes / publications / rapports / crisesf / intervention－etat－danscrise－secteur－financier. pdf).

Cummins, J. D., S. E. Harrington, and R. Klein. 1995. Solvency experience, risk－based capital, and prompt corrective action in property－liability insurance. Center for Financial Institutions Working Paper 95－06, Wharton School Center for Financial Institutions, University of Pennsylvania.

Cummins, J. D., M. F. Grace, and R. D. Phillips. 1999. Regulatory solvency prediction in property－liability insurance: riskbased capital, audit ratios, and cash flow simulation. *Journal of Risk and Insurance* 66 (3): 417－58.

Danielsson, J., and H. Shin. 2003. Endogenous risk. In *Modern Risk Management: A History*. London: Risk Books.

Danielsson, J., P. Embrechts, C. Goodhart, C. Keating, F. Muennich, O. Renault, and H. Shin. 2001. An academic response to Basel II. Financial Markets Group Special Paper 130 (available at http://hyunsongshin. org/www/basel2. pdf).

Detragiache, E., and A. Demirgüç－Kunt. 1997. The determinants of banking crises—evidence from developing and developed countries. IMF Working Paper 97/106. International Monetary Fund.

Dewatripont, M., and J. Tirole. 1994. *The Prudential Regulation of Banks*. Cambridge, MA: MIT Press.

Doherty, N. A., and K. Smetters. 2005. Moral hazard in reinsurance markets. *Journal of Risk and Insurance* 72 (3): 375–91.

Freixas, X., and J.–C. Rochet. 1995. *Microeconomics of Banking*. Cambridge, MA: MIT Press.

Garven, J. R., and J. Lamm–Tennant. 2003. The demand for reinsurance: theory and empirical tests. *Insurance and Risk Management* 71 (2): 217–37.

Grace, M., S. Harrington, and R. Klein. 1993. Risk–based capital standards and insurer insolvency risk: an empirical analysis. Presented at the 1993 Annual Meeting of the American Risk and Insurance Association, San Francisco, CA.

Group of Thirty. 2006. Reinsurance and international financial markets. Group of Thirty Report (available at www.group30.org/pubs.php).

Hart, O. 1988. Incomplete contracts and the theory of the firm. *Journal of Law, Economics and Organization* 4 (1): 119–39.

———. 1995. *Firms, Contracts, and Financial Structure*. Oxford University Press.

Holmström, B., and J. Tirole. 1997. Financial intermediation, loanable funds and the real sector. *Quarterly Journal of Economics* 112: 663 – 92.

Kim, D., and A. Santomero. 1988. Risk in banking and capital regulation. *Journal of Finance* 43: 1219 – 33.

Lindgren, C., G. Garcia, and M. Seal. 1996. *Bank Soundness and Macroeconomic Policy*. Washington, DC: International Monetary Fund.

Mayers, D., and C. W. Smith Jr. 1990. On the corporate demand for insurance: evidence from the reinsurance market. *Journal of Business* 63 (1): 19 – 40.

Modigliani, F., and M. Miller. 1958. The cost of capital, corporate finance and the theory of investment. *American Economic Review* 48: 261 – 97.

Morrison, A. D. 2004. Life insurance: regulation as contract enforcement. *Economic Affairs* 24 (4): 47 – 52.

Polonchek, J., and R. K. Miller. 1999. Contagion effects in the insurance industry. *Journal of Risk and Insurance* 66 (3): 459 – 75.

Rochet, J. C. 1992. Capital requirements and the behaviour of commercial banks. *European Economic Review* 43: 981 – 90.

Santos, J. A. C. 2000. Bank capital regulation in contemporary banking theory: a reviewof the literature. BIS Working Paper 90. Bank for International Settlements.

Swiss Re. 1998. The global reinsurance market in the midst of consolidation. *Sigma* 9: 3 – 33.